# PESQUISA QUALITATIVA EM PSICOLOGIA

CAMINHOS E DESAFIOS

Dados Internacionais de Catalogação na Publicação (CIP)
(Câmara Brasileira do Livro, SP, Brasil)

González Rey, Fernando Luis
　　Pesquisa qualitativa em psicologia : caminhos
e desafios / Fernando Luis González Rey. / tradução:
Marcel Aristides Ferrada Silva; revisão técnica:
Fernando Luis González Rey. - São Paulo:
Cengage Learning - 2011.

　　2. reimpr. da 1. ed. de 2005.
　　Bibliogra ia.
　　ISBN 978-85-221-0267-9

　　1. Pesquisa psicológica 2. Pesquisa qualitativa
I. Título.

01-6028　　　　　　　　　　　　　　　　　　CDD-150.72

Índices para catálogo sistemático:
　1. Pesquisa qualitativa : Psicologia 150.72
　2. Psicologia : pesquisa qualitativa 150.72

# PESQUISA QUALITATIVA EM PSICOLOGIA

CAMINHOS E DESAFIOS

FERNANDO LUIS GONZÁLEZ REY

TRADUÇÃO:
MARCEL ARISTIDES FERRADA SILVA

REVISÃO TÉCNICA:
FERNANDO LUIS GONZÁLEZ REY

**CENGAGE**

Austrália • Brasil • México • Cingapura • Reino Unido • Estados Unidos

# CENGAGE

**Pesquisa Qualitativa em Psicologia – Caminhos e Desafios**

**Fernando Luis González Rey**

Gerente Editorial: Adilson Pereira

Título original: Investigación Cualitativa en Psicología

Produtora Gráfica: Patricia La Rosa

Tradução: Marcel Aristides Ferrada Silva

Revisão Técnica: Fernando Luis González Rey

Copidesque: Norma Gusukuma

Revisão: Norma Gusukuma

Composição: Virtual Laser Editoração Eletrônica Ltda.

Capa: Paulo Cesar Pereira

© 2005 Cengage Learning Edições Ltda.

Todos os direitos reservados. Nenhuma parte deste livro poderá ser reproduzida, sejam quais forem os meios empregados, sem a permissão, por escrito, da Editora.
Aos infratores aplicam-se as sanções previstas nos artigos 102, 104, 106 e 107 da Lei nº 9.610, de 19 de fevereiro de 1998.

Esta editora empenhou-se em contatar os responsáveis pelos direitos autorais de todas as imagens e de outros materiais utilizados neste livro. Se porventura for constatada a omissão involuntária na identificação de algum deles, dispomo-nos a efetuar, futuramente, os possíveis acertos.

A editora não se responsabiliza pelo funcionamento dos links contidos neste livro que possam estar suspensos.

Para informações sobre nossos produtos, entre em contato pelo telefone **0800 11 19 39**

Para permissão de uso de material desta obra, envie seu pedido para **direitosautorais@cengage.com**

© 2005 Cengage Learning. Todos os direitos reservados.

ISBN 13: 978-85-221-0267-9
ISBN-10: 85-221-0267-8

**Cengage Learning**
Condomínio E-Business Park
Rua Werner Siemens, 111 – Prédio 11 – Torre A – Conjunto 12
Lapa de Baixo – CEP 05069-900 – São Paulo – SP
Tel.: (11) 3665-9900 – Fax: (11) 3665-9901
SAC: 0800 11 19 39

Para suas soluções de curso e aprendizado, visite **www.cengage.com.br**

Impresso no Brasil
*Printed in Brazil*

# Sumário

Prefácio .................................................................................. vii
Prefácio à edição brasileira..................................................... xi

## CAPÍTULO 1

### Diferentes abordagens para a pesquisa qualitativa; fundamentos epistemológicos ..................................................... 1

Desafios atuais na definição da pesquisa qualitativa: breve histórico sobre o uso do termo .................................................................. 1
Antecedentes da pesquisa qualitativa em psicologia; resistência e contradições ............................................................................ 8
Uma reflexão epistemológica acerca do desenvolvimento da pesquisa qualitativa em psicologia ............................................. 24
Características da subjetividade como objeto da pesquisa psicológica .................................................................. 36
A definição do qualitativo na pesquisa psicológica ....................... 46

## CAPÍTULO 2

### Alguns pressupostos gerais do desenvolvimento da pesquisa qualitativa em psicologia ...................................... 53

O lugar da comunicação na pesquisa qualitativa............................ 53
O lugar do teórico e do empírico no desenvolvimento da pesquisa qualitativa ................................................................... 59
Caraterísticas gerais da produção do conhecimento na pesquisa qualitativa ................................................................... 67
   A definição do problema de pesquisa ..................................... 71
   Os outros momentos do processo de pesquisa ...................... 73
   A definição dos instrumentos de pesquisa ............................. 77

## CAPÍTULO 3

**O trabalho de campo na pesquisa psicológica e o processo de construção da informação na pesquisa qualitativa** ............... 95

Diferentes fontes de produção de conhecimento nos campos de ação da psicologia como ciência ..................................................... 102
A construção da informação na pesquisa qualitativa ....................... 106
O conceito de indicador e sua importância para a construção do conhecimento na pesquisa qualitativa .......................................... 111
O desenvolvimento dos indicadores e a definição de categorias no curso da pesquisa ................................................................... 118
Os processos envolvidos na produção do conhecimento .................... 126
A legitimação do conhecimento na pesquisa qualitativa ................... 133
Diferentes formas de análises e processamento da informação na pesquisa qualitativa ................................................................ 143

## CAPÍTULO 4

**Os processos de generalização do conhecimento e a definição dos campos do conhecimento produzido** ............ 161

A generalização e o uso de amostras na pesquisa qualitativa ............ 161
Relações entre diferentes áreas de produção do conhecimento psicológico ................................................................................. 175

**Bibliografia** ........................................................................................ 183

# Prefácio

O presente livro é resultado de uma linha de trabalho científico que, em seu início, esteve principalmente dedicada a elaborar um conceito da personalidade dentro de um enfoque histórico-cultural. O trabalho de pesquisa no campo da personalidade me levou de forma progressiva ao desenvolvimento de pesquisas na esfera da saúde, da clínica, da Psicologia Social, do desenvolvimento e da educação. Essas pesquisas foram se integrando ao núcleo central de meus interesses teóricos e metodológicos, e seus resultados, associados à elaboração teórica do tema da personalidade, foram aparecendo nos diferentes livros que publiquei na década de 80.

Na realidade os temas de saúde, educação e desenvolvimento, em que realizei minhas pesquisas iniciais, conduziram-me à Psicologia Social, pois nessas pesquisas surgiram constantemente questões complexas da subjetividade social. Esse cenário complexo de pesquisa e produção teórica, dentro do qual fui aceitando de forma gradativa os novos desafios que surgiam nas pesquisas, conduziram-me a um nível macroteórico de produção, que me permitiu compreender e integrar essas diferentes áreas do meu trabalho: a *subjetividade*.

De forma gradual, separei-me das reminiscências das teorias tradicionais da personalidade, que a definiam como organização intrapsíquica, muito associada à existência de uma natureza humana, e comecei a compreender a questão da personalidade como sistema da subjetividade individual. Nesse processo estabeleci uma relação indissolúvel entre as categorias de sujeito e personalidade, em cuja relação dinâmica e complexa defini a subjetividade individual.

O tema da subjetividade representa uma definição ontológica diferente dos processos psíquicos. Considero a subjetividade o sistema de significações e sentidos subjetivos em que se organiza a vida psíquica do sujeito e da sociedade, pois a subjetividade não é uma organização intrapsíquica que se esgota no indivíduo, mas um sistema aberto e em desenvolvimento que caracteriza também a constituição dos processos sociais, tema que tenho explicado por meio da categoria de subjetividade social.

O tema da subjetividade é adotado a partir de uma perspectiva dialógica, dialética e complexa, em que a subjetividade não aparece "coisificada" em nenhum tipo de entidade, nem de invariante universal da natureza humana, mas que se expressa como um sistema complexo em constante avanço, que constitui o sujeito concreto e, por sua vez, é constituída por aquele de forma permanente, por meio de sua constante produção de sentidos e significados dentro dos diferentes sistemas da subjetividade social em que desenvolve suas ações.

A exposição da subjetividade exigiu-me uma reflexão do tipo epistemológico, expressa em meu livro *Epistemología cualitativa y subjetividad* (1977), em que não só aprofundo as implicações do conceito de subjetividade para a psicologia, como também questiono as formas tradicionais de produção do conhecimento psicológico e apresento uma proposta acerca das exigências epistemológicas do estudo da subjetividade que se resume na definição da epistemologia qualitativa. Nesse livro, afirmo também que a diferença entre o qualitativo e o quantitativo é epistemológica, e não metodológica.

O presente livro analisa a pesquisa qualitativa em uma estreita relação com os princípios da epistemologia qualitativa e representa um esforço para superar as reminiscências do positivismo, subjacente a muitas das propostas da pesquisa qualitativa.

Nesta obra são apresentados os diferentes momentos que têm caracterizado a aplicação da metodologia qualitativa nas ciências sociais e, de forma específica, são analisados os antecedentes dessa forma de pesquisa na psicologia, em que os procedimentos qualitativos têm caracterizado muitas das suas teorias, muito além da consciência teórica de seus autores. É curioso, mas nós, psicólogos, não temos tido o mesmo interesse explícito pelas questões teóricas e metodológicas que os nossos colegas da Sociologia e da Antropologia, evidenciado pela ausência desses temas, durante anos, nas principais publicações e congressos de psicologia. No entanto, essa situação começou a mudar de forma acelerada nos últimos dez anos.

Esta obra apresenta a estreita relação de uma proposta metodológica com a epistemologia qualitativa e com o tema da subjetividade. A proposta metodológica enfatiza a compreensão da pesquisa qualitativa como processo dialógico que implica tanto o pesquisador, como as pessoas que são objeto da pesquisa, em sua condição de sujeito do processo. Isso pressupõe uma ênfase nos processos de construção sobre os de respostas, rompendo a lógica instrumentalista que durante anos hegemonizou o processo de produção de conhecimento na Psicologia.

Na minha opinião, a pesquisa representa um processo constante de produção de idéias que organiza o pesquisador no cenário complexo de seu diálogo com o momento empírico. Neste livro defende-se a especificidade da produção do conhecimento nas ciências antropossociais, em que se produz conhecimento sobre um "objeto" de pesquisa idêntico ao pesquisador, que atua como sujeito de suas relações com aquele. O resgate da condição de sujeito das pessoas pesquisadas, assim como as diferentes vias para chegar a ele, constitui outro dos objetivos essenciais deste livro.

*Pesquisa qualitativa em psicologia - caminhos e desafios* enfatiza a condição do pesquisador como sujeito e a importância de suas idéias para a produção do conhecimento. A pesquisa se apresenta como um processo irregular e contínuo, dentro do qual são abertos de forma constante novos problemas e desafios pelo pesquisador, que, longe de seguir uma linha rígida que organize os diferentes momentos do processo, se orienta por suas próprias idéias, intuições e opções, dentro da complexa trama da pesquisa. A ênfase no caráter ativo do pesquisador não limita a compreensão do caráter também ativo do próprio objeto do conhecimento, que atua sobre esse processo muito além da própria consciência do pesquisador.

Analiso temas gerais da produção científica, como o caráter subjetivo da construção do conhecimento, a legitimidade do conhecimento produzido e as constantes reformulações que surgem na produção do pensamento científico diante de cada novo momento do desenvolvimento da ciência. A ciência, como produção permanente de novas zonas de sentido que definem novos níveis de inteligibilidade sobre os fenômenos estudados, nunca aparece em versões terminadas ou finais; pelo contrário, representa um processo em permanente progresso, ao que lhe são alheios os dogmas e as definições universais invariáveis.

....É precisamente o constante exercício de reflexão em que está envolvido o pesquisador um dos aspectos mais atrativos do trabalho científico. Neste livro, evito propostas que apareçam como as "melhores" e também esclareço minha posição sobre as novas modas na ciência, as quais, por detrás de seus discursos amplos e questionadores, terminam gerando novas "camisas-de-força" para a produção humana.

Esta obra representa uma opção às formas atuais de produção do conhecimento em psicologia e facilita a geração de conhecimentos sobre zonas do objeto de estudo as quais têm sido pouco trabalhadas até o presente.

*Fernando Luis González Rey*

# Prefácio à edição brasileira

É com grande satisfação que apresento este livro ao público brasileiro em geral e de forma muito especial aos colegas psicólogos do Brasil, que têm tido a gentileza de ler meus trabalhos em espanhol e de manter fecunda comunicação comigo durante todos estes anos em que estou no Brasil, país onde sou tratado com ternura em vários círculos importantes da Psicologia. O "portunhol" em que de forma particular me comunico, o qual tem determinantes, não precisamente culturais, como a idade, que dificultam a melhora da fala, tem sido pacientemente ouvido e cada vez mais bem compreendido pelos meus alunos, colegas e amigos, o que depõe a favor desse povo que respeita as diferenças culturais e é extremamente afável.

Neste prefácio dedicado ao leitor brasileiro, gostaria de expressar o quanto este período de minha vida no Brasil tem sido extremamente fecundo e rico em debates que me têm mantido na constante tensão da criação científica. Entrei em contato com a Psicologia brasileira há muito tempo, quando algumas personalidades conceituadas visitaram Cuba, no início da década de 80: Silvia Lane e Maria do Carmo Guedes, queridas amigas com quem mantenho há anos uma relação afetuosa e reflexiva. A essa visita devo não só essa linda amizade, mas também a minha primeira publicação em português, "A categoria personalidade na obra dos psicólogos marxistas", no livro coordenado por Maria do Carmo, *História da Psicologia*, da Série

Cadernos da PUC de São Paulo. Esta instituição tem sido a principal divulgadora de meus trabalhos no Brasil e, por meio de seu núcleo de pós-graduação em Psicologia Social, mantenho um dos espaços mais ricos de diálogo e reflexão neste país.

Agradeço à Albertina, companheira permanente de reflexão e vida, e a Hiram, amigo e colega desde o segundo grau pela leitura cuidadosa do livro e pelas discussões sobre a obra. O fato de o livro ser publicado agora no Brasil é para mim, um cubano, um orgulho, pois a minha presença aqui representa, sem dúvida, uma aproximação entre esses dois países. Meus filhos, Zochil, Boris, Miguel e Fernando, participam deste esforço, assim como em tudo em minha vida, contra as adversidades que de forma contínua também aparecem no caminho.

Finalmente, assim como fiz no prefácio da edição em espanhol, quero destacar que o sentido deste livro se inscreve no esforço de diferentes psicólogos, tanto no Brasil quanto fora dele, de produzir formas de conhecimento alternativas ao empirismo que caracteriza a produção do conhecimento psicológico e que, de forma tão adequada, Dazinger qualifica como a "metodolatria" da Psicologia. O livro, tendo em vista minha perspectiva a partir da produção qualitativa, enfatiza a necessidade epistemológica de haver novas formas de produção do conhecimento perante um novo desafio nesta área: o estudo da subjetividade a partir de uma perspectiva dialética complexa e histórico-cultural voltada para a superação das dicotomias tradicionais que proliferaram na história do pensamento psicológico – social x individual, consciente x inconsciente, cognitivo x afetivo, intrapsíquico x interativo –, as quais, ainda que sejam consideradas superadas em muitos contextos, no momento de produção do conhecimento voltam a aparecer, de forma sutil e, com freqüência, desapercebida.

A visão de metodologia qualitativa apresentada neste livro se baseia na produção de sentido desenvolvida num processo constante no relacionamento mantido entre pesquisador e pesquisados. Considera-se importante não só o que o sujeito fala como o sentido da fala, o envolvimento do sujeito, o que lhe permite uma produção complexa, condição essencial para construir a complexidade dos problemas abordados a partir desta perspectiva.

Embora o título se refira especificamente à Psicologia, este é um livro que pode ser de interesse em qualquer uma das Ciências Sociais, na área da Educação e da Saúde. Não é aconselhável usar esta obra como um conjunto de regras a serem reproduzidas na pesquisa, mas como um conjunto de princípios e reflexões com as quais se procura encontrar uma forma de ação nesse campo complexo e permanentemente desafiador: a construção do conhecimento, processo no qual nos comprometemos com nossas idéias e posições pessoais.

Agradeço à Editora Thomson Pioneira, responsável pela publicação de meu livro no México, por esta edição em português e pela preocupação e interesse com que tem acompanhado o processo de edição da obra.

*Fernando Luis González Rey*

# Diferentes abordagens para a pesquisa qualitativa; fundamentos epistemológicos

## Desafios atuais na definição da pesquisa qualitativa: breve histórico sobre o uso do termo

Quando se trata de pesquisa qualitativa, surge um sem-número de preocupações, objeções e contradições entre os pesquisadores. Uma das polêmicas mais comuns se relaciona à inseparabilidade do qualitativo e do quantitativo. Isso implica que, ao se utilizar o termo *qualitativo*, se continue fazendo a divisão mecanicista entre os dois momentos da construção do conhecimento, dessa vez convertendo em absoluto o momento da qualidade.

O uso do termo qualitativo, como o de qualquer categoria do pensamento, não coincide, em seu sentido semântico, com a complexa realidade que se pretende abranger em sua definição. O qualitativo, como conceito alternativo às formas de quantificação que têm predominado no desenvolvimento das ciências sociais e, de forma particular, na psicologia, constitui via de acesso a dimensões do objeto inacessíveis ao uso que em nossa ciência se tem feito do quantitativo. Isso implica que o alcance e os limites dos dois tipos de metodologia na pesquisa psicológica chamem nossa atenção pela própria definição ontológica do que desejamos estudar.

O termo qualitativo na pesquisa e na avaliação não tem um significado único para que nos afiliássemos a essa visão; alguns o consideram uma forma diferente de fazer ciência em relação ao modelo positivista, com as implicações teóricas e epistemológicas que isso tem, enquanto outros têm visto o qualitativo só em seu aspecto instrumental e o fazem preservando aspectos essenciais da epistemologia quantitativa na construção do conhecimento (Becker, H. S., Taylor e Bogdan, Hughes e Strauss, Glasser, B. G., Spindler e Spindler, Navarro e Díaz e outros).

De fato, muitos autores mantêm uma orientação empirista na pesquisa qualitativa, apoiada epistemologicamente no positivismo, apesar das sugestivas contribuições metodológicas que, de forma geral, tem feito esse movimento. Todavia, quando essas contribuições são adotadas de maneira coerente, conduzem de forma inevitável a uma confrontação epistemológica. Antes de continuar nossa reflexão sobre a definição do qualitativo na pesquisa social, apresentaremos algumas tentativas de sistematização sobre a história da pesquisa qualitativa, pois elas facilitarão nossa análise ulterior.

Desde finais do século XIX tem havido ações isoladas de pesquisa qualitativa. Bogdan e Binkler situam os primórdios da dita pesquisa nos Estados Unidos, onde surgiu associada a uma perspectiva sociológica. Todavia, foi no princípio do século XX que a pesquisa qualitativa se sistematizou, a partir dos trabalhos de campo de Malinowski, Bateson, Mead, Benedict e outros, que foram fontes importantes para o desenvolvimento do modelo etnográfico, o qual considera a pesquisa social referente ao estudo das culturas humanas uma pesquisa participativa, em que o pesquisador forma parte do campo de pesquisa. A etnografia aparece então como importante tradição qualitativa a partir da pesquisa antropológica.

Nas décadas de 20 e 30, em que foram publicados alguns dos trabalhos dos autores mencionados, desenvolveu-se a Escola de Chicago no campo da sociologia, apoiada no método da observação participante (Anderson, 1923; Trasher, 1927; Cressy, 1932 e outros).[1]

---

1. Os dados sobre a Escola de Chicago foram extraídos de Rodríguez Gómez, Gil Flores e García Jiménez, *Metodología de la investigación cualitativa*, Ediciones Aljibe, Espanha, 1996.

No início, a pesquisa etnográfica, apesar da mudança representada pela consideração da presença do pesquisador no campo, continuou colocando no centro da pesquisa a preocupação com a objetividade e a neutralidade, atributos essenciais da epistemologia positivista que dominava o cenário das ciências sociais. Como resultado, a pesquisa etnográfica manteve sua ênfase na fidelidade dos dados obtidos no momento empírico. Todavia, a própria complexidade e vitalidade que a presença do pesquisador no campo transmitiu ao estudo levaram a reflexões e construções teóricas contraditórias aos princípios gerais adotados por esses autores, e que hoje cobram nova significação ante o desenvolvimento de concepções epistemológicas alternativas nas ciências sociais.

Malinowski, por exemplo, manteve definições estritamente empiristas no que concerne à neutralidade do pesquisador e ao lugar primário do empírico, e foi muito sugestivo e criativo quanto aos métodos a serem utilizados para a construção do conhecimento, o que o levou a superar as formas instrumentalistas e despersonalizadas na obtenção de informação, características da pesquisa positivista tradicional. A esse respeito, escreveu:

> Assim, por exemplo, ao perguntar como enfrentariam o crime ou como puniriam (se refere aos nativos estudados por ele), poderia ser apresentada a um nativo uma pergunta abrangente como: De que maneira tratam ou castigam um criminoso? Porém não se encontrariam palavras para expressá-la no idioma nativo ou em *pidgin*. Contudo, um caso imaginário, ou melhor, um fato real, estimularia o nativo a expressar sua opinião e a proporcionar abundante informação (1990:48).

A citação anterior sugere uma idéia que defenderemos mais adiante: o trânsito de uma epistemologia da resposta a uma epistemologia da construção. O que Malinowski defende como resultado do que eu chamaria uma "aproximação em situação-limite", ou seja, quando o sujeito estudado tem cultura diferente e outra linguagem, e não *significa* os mesmos fenômenos que expressa nossa linguagem, é, na realidade, uma evidência extrema de um fenômeno comum a toda pesquisa social: o valor da expressão espontânea do outro diante de uma situação pouco estruturada.

As construções do sujeito diante de situações pouco estruturadas produzem uma informação qualitativamente diferente da produzida pelas respostas a perguntas fechadas, cujo sentido para quem as responde está influenciado pela cosmovisão do investigador que as constrói. Essa última tendência tem predominado no desenvolvimento de *instrumentos objetivos* em psicologia.

Apesar de manter-se nos limites da epistemologia positivista dominante, o contato com um sujeito diferente na pesquisa permitiu aos antropólogos elaborar reflexões parciais que evidenciam seu valor quando são aplicadas ao desenvolvimento de um referencial epistemológico alternativo. O culto ao dado conduziu a etnografia a um beco sem saída, pois a coleta de dados levou os pesquisadores a acumular grande quantidade de registros, impossíveis de serem elaborados teoricamente. A recompilação indiscriminada de dados, orientada por um pacote de instrumentos descritivos e objetivos do pesquisador, dificultou o desenvolvimento das idéias, que são os elementos fundamentais para a construção do conhecimento.

Com relação ao desenvolvimento histórico da pesquisa qualitativa, Denzin e Lincoln (1994) reconhecem cinco períodos essenciais:

- *Período tradicional:* influenciado pelo paradigma científico positivista, por sua busca da objetividade, da validade e da confiabilidade do conhecimento obtido. Esse período é identificado com personalidades como Mead, Malinowski, Radcliffe-Brown e outros.
- *Período modernista:* vai desde os anos do pós-guerra até a década de 70 e, segundo os autores, ainda hoje se observa sua influência em algumas pesquisas. Muitos desses trabalhos tentam formalizar os métodos qualitativos. Entre os autores relacionados a esse período estão Bogdan e Taylor, Cicourel, Glasser e Strauss e Becker.
- *Período da indiferenciação de gêneros*: localiza-se entre os anos 1970 e 1986. Os pesquisadores procuram uma complementação mútua

de paradigmas, métodos e estratégias para aplicar em suas pesquisas. As estratégias de pesquisam vão desde a *grounded theory* ao estudo de caso, os métodos biográficos e a pesquisa clínica. Esse novo critério toma as representações culturais e suas significações como ponto de partida. Entre os autores que se destacam nesse período está: Geertz, que sustenta que a fronteira entre as ciências sociais e as humanas não é precisa, abordagem adotada por Derrida, Barthes, Garfinkel e Castañeda. Nesse período ocorre uma confusão de gêneros que leva à eliminação da distinção clara entre literatura e ciência social.

- *Período de crises de representação*: a partir da década de 80 produz-se uma profunda ruptura, que Denzin e Lincoln identificam com a difusão de um conjunto de trabalhos como *La antropología como crítica cultural* (Marcus e Fisher, 1996); *La antropología de la experiencia* (Turner e Bruner) e outros. Esses trabalhos se apóiam em pesquisas mais reflexivas e chamam a atenção para os problemas de gênero, raça e classes sociais. Neles se questiona um conjunto de princípios dominantes na antropologia, como a objetividade, a concepção da vida social organizada por rituais e costumes fixos, assim como a cumplicidade dessa antropologia com o colonialismo (veja Denzin e Lincoln, p. 10).

Nesse período se fizeram mais comuns as teorias interpretativas em oposição às *grounded theories*[2], e foram mais discutidos os conceitos de confiabilidade, validade e objetividade. Nesse momento crítico foi revisada também a forma de coletar dados predominante na pesquisa antropológica, e se passou de uma visão descritiva e acumulativa à produção de um texto em que o antropólogo figura como personagem central da história contada por ele. Em geral, esse perío-

---

2. A expressão *grounded theory* tem sido traduzida de diferentes formas no espanhol. O termo tem aparecido como teoria fundamentada (Rodríguez Gómez, Gil Flores e García Jiménez, 1996). Na nossa opinião, seria melhor traduzir como teoria fundamental ou básica. Pela ambigüidade das propostas, seguiremos utilizando a expressão em inglês, em itálico.

do questionou muito do que se fazia e provocou inúmeros debates acerca da antropologia e dos métodos de investigação social.

- *Período da dupla crise*: foi resultado de uma crise de representação e de legitimação dos pesquisadores qualitativos diante do mundo das ciências sociais. A crise de representação está definida pelo fato de que o pesquisador social pode captar diretamente a experiência vivida. Essa experiência, argumenta-se agora, é criada pelo texto social escrito pelo pesquisador, o qual nos coloca diante do problema do conhecimento como discurso socialmente construído, dimensão que, dentro de algumas correntes pós-modernas (Gergen, Ibáñez), leva à substituição do conhecimento pelo discurso, o que causaria o fim da epistemologia, entre outros "fins" atraídos pela pós-modernidade.
A crise da legitimação tem a ver com o processo de repensar as formas de legitimidade do conhecimento produzido, o que leva a uma reflexão profunda sobre o significado dos termos validade, confiabilidade e generalização, entre outros.

O quinto momento, denominação com que Denzin e Lincoln identificam o *momento atual*, está definido pela dupla crise expressa no período anterior. Epistemologias novas, associadas a grupos que mantiveram silêncio, começam hoje a aparecer como uma tentativa de solução aos problemas levantados. A busca de grandes narrativas vai sendo substituída por teorias mais locais e de pequena escala, centradas em problemas e situações específicos.

Essa breve caracterização de diferentes momentos da pesquisa qualitativa nas ciências sociais, apresentada por Denzin e Lincoln, mostra a história de uma forma de pesquisar que pretende especificar em seus métodos as características de seu próprio objeto, nesse caso, o sujeito da própria pesquisa. É interessante a rapidez com que se produziram as mudanças entre as décadas de 80 e 90; essas mudanças são radicais na problematização e discussão dos princípios epistemológicos positivistas na pesquisa qualitativa.

A reflexão e o desenvolvimento de novos conceitos e procedimentos de pesquisa estão acompanhados de uma reflexão epistemológica que, na opinião de alguns autores, entre os quais nos incluímos, considera o surgimento do qualitativo essencialmente o surgimento de uma nova epistemologia (Ibáñez, Stake, Rodríguez Sutil e outros). A elaboração de novas epistemologias, capazes de sustentar mudanças profundas no desenvolvimento de formas alternativas de produzir conhecimento nas ciências sociais, requer a construção de representações teóricas que permitam aos pesquisadores ter acesso a novas "zonas de sentido"[3] sobre o assunto estudado, impossíveis de serem construídas pelas vias tradicionais.

O anterior torna evidente a importância das construções teóricas no desenvolvimento da epistemologia. Na nossa opinião, o empirismo característico da epistemologia positivista é um dos fatores que têm impedido aos pesquisadores qualitativos ver que o ponto forte de uma representação metodológica alternativa é reconhecer o status das idéias, da produção teórica como atributo essencial da produção do conhecimento. Isso supõe outorgar um lugar diferente ao empírico na compreensão da ciência.

Consideramos muito importante que os pesquisadores qualitativos apontem as mudanças nas representações gerais do objeto da ciência; essas mudanças têm se desenvolvido a partir de diferentes pontos de partida, entre os quais se destaca o da complexidade, o qual tem apresentado sugestões importantes para as ciências sociais, como os trabalhos de Morin e, no caso da psicologia, os trabalhos de Munné.

As indefinições que vêm acompanhando o desenvolvimento da pesquisa qualitativa têm conduzido à associação de alguns de seus aspectos gerais com posições metodológicas particulares, apresentadas nos marcos de alguma ciência social concreta, como a etnografia. Assim, muitas das definições sobre a etnografia como forma

---

3. O conceito "zona de sentido" é apresentado em meu livro *Epistemología cualitativa y subjetividad*, de 1997, e nomeia aquelas zonas do real que encontram significado na produção teórica e que não se esgotam em nenhum dos momentos em que são tratadas dentro das teorias científicas.

de pesquisa social expressam traços gerais da definição da pesquisa qualitativa em psicologia. Isso acontece, entre outras coisas, porque a etnografia foi pioneira no uso dos métodos qualitativos.

As formas em que o qualitativo tem se desenvolvido nas diferentes ciências sociais mostram fortes diferenças entre umas e outras. O estudo desse fato é, sem dúvida, uma interessante questão para quem se dedica à história das ciências; no entanto, como o objetivo deste livro é tratar o desenvolvimento das pesquisas qualitativas em psicologia, tentaremos expor de forma breve alguns temas ilustrativos desse desenvolvimento.

## Antecedentes da pesquisa qualitativa em psicologia; resistência e contradições

Embora a psicologia tenha sido definida na Alemanha, nos trabalhos de Wundt, como uma ciência da mente e da consciência, logo se converteu em uma das ciências do comportamento. De acordo com Hardy Leahey, a história da psicologia moderna teve início em 1892, porque nesse ano foi fundada a APA (American Psychological Association). Como se referiu o autor:

> Para o melhor ou para o pior e, às vezes, por razões estranhas, a psicologia moderna é essencialmente a psicologia americana. Os movimentos e as teorias americanas foram adotados muito além dos mares (1996:284).

Em sua interessante análise sobre a situação social dos Estados Unidos nesse final de século, o autor localizou a mudança de direção da APA para um enfoque quantitativo, o que marcou um momento de enfrentamento entre a nova psicologia e a chamada "velha", surgida nos laboratórios de Wundt.

Em 1896, Cattell J., o quarto presidente da APA, descreveu a nova psicologia como uma ciência quantitativa em rápido avanço. Mais adiante, o próprio Cattell fez um chamado em prol da psicologia experimental. O grande desenvolvimento profissional que a psicologia alcançou nos Estados Unidos forçou a geração de técnicas para os diferentes ramos da prática profissional. Esse movimento da psicologia americana ocorrido no fim do século XIX foi reforçado pela eleição de J. Dewey para presidente da APA no último ano desse século. Dewey compreendia a mente essencialmente como um instrumento de adaptação, que devia ser melhorado por meio da educação, propósito ao qual dedicou sua atenção.

A psicologia se desenvolveu como um recurso para combater a aristocracia americana e conduziu a um fortalecimento do social sobre o individual. Para Dewey, a personalidade podia ser modelada linearmente mediante a educação. Nessa época se desenvolveu uma obsessão pelo controle, que constituiu um dos antecedentes essenciais do comportamentalismo. Uma psicologia orientada para o controle encontrou terreno fértil ao compreender a *psique* como conduta e a formação da mente como resultado da manipulação das condições que regem a vida do homem.

De acordo com Hardy Leahey, o conceito de mente evoluiu, levando-a a ser entendida pelas últimas versões da psicologia funcional como uma instância para solucionar problemas, o que, junto com o desaparecimento gradual desse conceito na psicologia animal, provocou a uma profunda revisão do conceito, inclusive entre os filósofos do início do século XX. Nessa polêmica, foi essencial o trabalho de James, ¿*Existe la conciencia*?, em que se sustentou que a consciência não existe como coisa isolada da experiência. O debate foi muito importante para a psicologia, porque conduziu a duas concepções da consciência que apoiaram o surgimento do comportamentalismo: as teorias relacionais e funcionais da consciência.

O desenvolvimento do comportamentalismo levou a uma visão completamente naturalista da psicologia, que se manifesta até hoje de múltiplas formas na construção do pensamento psicológico. Para o comportamentalismo, a psicologia é um ramo das ciências naturais, o que outorga à objetividade, à predição e ao controle lugares essenciais na ciência. Para muitos psicólogos, esses elementos são requisitos essenciais para a produção científica. O enraizamento tão firme desses atributos nos sistemas de crenças dominantes na instituição psicológica fez com que a psicologia fosse indiferente às transformações epistemológicas radicais que a mecânica quântica sugeriu só alguns anos mais tarde. O comportamentalismo se desenvolveu fiel à imagem de ciência característica do positivismo de Comte.

O desenvolvimento do positivismo lógico estimulou a construção de aparatos lógicos que permitiram trabalhar com fenômenos não-observáveis, introduzindo o conceito de operacionalização, tentando tornar "tangível" o não-observável em termos das operações lógicas produtoras do conhecimento. O positivismo lógico enfatizou o desenvolvimento de axiomas teóricos que conduziram à obtenção do conhecimento por meio da dedução. O experimento se converteu em via para provar as predições que resultavam da dedução. Nesse esquema, a operacionalização se converteu no elo que relacionava a observação com a teoria.

Partindo desse modelo positivista foram desenvolvidas as duas tradições que têm dominado a pesquisa psicológica a partir de um ponto de vista metodológico: a pesquisa correlacional e a pesquisa de manipulação. A primeira se legitima mediante as correlações estatísticas significativas que se obtêm entre as variáveis estudadas em grupos significativos de pessoas. O modelo hipotético dedutivo, centrado na operacionalização de variáveis, constitui a base de ambos os tipos de pesquisa, os quais têm atuado como modelos ideais de objetividade e cientificidade na ciência psicológica.

O desenvolvimento da psicologia a partir de uma concepção naturalista não foi patrimônio exclusivo do comportamentalismo americano; também surgiu com força em uma corrente européia igualmente paradigmática e influente: a psicanálise. Durante a maior parte do século XX, ambas as correntes condicionaram as visões dominantes da psicologia, assim como as diferentes formas de fazer psicologia. Não sem razão, denomina-se a psicologia humanista como a terceira força, com o que se intentou definir seu espaço entre as duas forças que claramente predominaram na psicologia ocidental durante o século XX.

Freud, pela própria formação, pela época em que viveu e até pelos interesses que o levaram à psicologia, considerou-a uma ciência física, naturalista. Em um de seus primeiros trabalhos, que foi publicado só após sua morte, *Proyecto de una psicología científica* (ou *Psicología para neurólogos*, forma como Freud se referiu ao material enquanto o escrevia), manifesta com clareza sua intenção de desenvolver a psicologia como ciência natural. Escreve:[4]

> A finalidade deste projeto é estruturar uma psicologia que seja uma ciência natural: isto é, representar os processos psíquicos como estados quantitativamente determinados de partículas materiais especificáveis, dando assim a esses processos um caráter concreto e inequívoco (1994:395).

Esse projeto de elaborar uma psicologia científica é considerado por uns o início da psicanálise, enquanto outros o interpretam como última tentativa de Freud de falar da psicologia em linguagem organicista e fisicalista. No entanto, seja uma ou outra razão fundamental do Tratado, nele se expressa uma visão organicista, fisicalista e objetiva, a qual – por muito que tenha variado o pensamento de Freud durante sua produção teórica – deixou marcas no autor. Assim, ao atender seu interesse pelos processos psicológicos, Freud também adotou um enfoque naturalista.

Na realidade, Freud nunca chegou a uma compreensão do caráter subjetivo do psíquico no homem, que permitiria a definição do psíquico como realidade ontológica diferente da realidade objetiva dos fatores implicados em sua aparição, ou seja, que iria muito além de um determinismo causal biologista. A subjetividade é, por definição, uma expressão da cultura, pois surge nela e, por sua vez, é

---

4. Extraído do livro de Luis García Rosa, *Freud e o inconsciente*, 1994.

parte constitutiva dela. A psique existe em uma dimensão subjetiva só dentro da vida cultural, a qual surge constituída no nível psicológico, por configurações de sentido e significação, que não são reguladas de forma direta pela ação de nenhum sistema externo, nem sequer pela mesma cultura em que aparecem.

Com respeito à compreensão reducionista do psíquico, Freud escreveu:

> Alguns dos meus colegas médicos têm visto minha teoria da histeria como puramente psicológica e, por essa razão, a consideram *ipso facto* incapaz de resolver um problema patológico... [Mas] é só a técnica terapêutica que é puramente psicológica; a teoria não falha em nenhum sentido ao pontuar que as neuroses têm uma base orgânica – no entanto, é verdade que não se pode buscar essa base em nenhuma mudança anatômica... Ninguém, possivelmente, estará inclinado a recusar o caráter fator orgânico da função sexual, e é a função sexual a que considero fundadora da histeria e das psiconeuroses em geral (1905b, citado em Gay, 1989:32).

Contudo, apesar de sua perspectiva naturalista e quantificadora, o problema que atrai o interesse de Freud pela psicologia é essencialmente diferente da rede de fatores que se mesclaram para a criação do comportamentalismo americano e que culminaram na definição do comportamento como objeto principal do estudo da psicologia. As formas de expressão orgânica da histeria de conversão respondiam a causas não-acessíveis à observação direta do estudado, que localizavam o problema no interior do homem. Essa situação orientou o interesse de Freud para uma dimensão interna do sujeito não explicável de maneira linear no nível do comportamento.

Além disso, a construção freudiana se orienta para o estudo de um fenômeno exclusivo dos seres humanos: a implicação dos conflitos psicológicos do homem com as instituições geradas na vida social. Freud é objeto de interesse crescente por parte dos cientistas e da sociedade, porque abre uma nova zona de significado na representação do homem e chama a atenção para aspectos ignorados pela ciência até esse momento.

O caráter oculto do tipo de conflitos que Freud associou com o desenvolvimento da patologia o levou a elaborar uma metodologia interpretativa para a construção do conhecimento. Essa metodologia se realiza mediante a relação pessoal do psicoterapeuta com o paciente, a qual deve ser singular e aberta, não obstante a função que Freud atribui ao terapeuta, que deve atuar mais como ouvinte e intérprete do que como interlocutor. Para Freud, o outro é o objeto da interpretação do analista, cuja singularidade se universaliza em termos do aparato conceitual psicanalítico.

Em seu esforço por conhecer o objeto e apesar das limitações de sua cosmovisão, que também encontra sua expressão em suas definições metodológicas, Freud conseguiu desenvolver uma metodologia cuja epistemologia implícita é diferente da que sustenta o positivismo metodológico desenvolvido pela psicologia americana. Essas exigências estão presentes na tensão que implica o processo de conhecimento e são expressão da presença ativa da realidade nesse processo.

O fato de Freud enfrentar um problema desconhecido para a ciência, diante do qual teve de gerar uma referência conceitual própria, fez com que seu confronto com o objeto implicasse sempre novos achados que resultavam de conceitos anteriores, mas que não podiam ser explicados por eles. Diferentemente do comportamento posterior da instituição psicanalítica, Freud teve sempre uma especial sensibilidade para o novo, expressa no constante desenvolvimento de sua produção teórica.

Algo que caracteriza a obra de Freud, e que tem sido relativamente pouco tratado na literatura, é seu constante compromisso com o pensamento. É muito interessante a maneira como Freud, apesar de seu compromisso com o mundo orgânico, muito orientado dentro da epistemologia médica pelo princípio da objetividade, se envolveu em construções complexas que ele mesmo reconheceu como especulativas, surgidas mais como exigência de seu pensamento no curso da construção do objeto que como fatos de irrefutável procedência empírica. Assim, por exemplo, em sua obra *Más allá del principio del placer*, Freud realiza uma linda construção teórica inspirada por sua própria experiência pessoal nesses anos, que o levou ao conceito de *pulsão de morte*, o qual modificou de forma radical suas construções anteriores em relação às pulsões sexuais e de autoconservação, que integrou na *pulsão de vida*.

Nesse livro, Freud foi audacioso em relação ao caráter de sua própria produção teórica e reconheceu o caráter especulativo dela, o que, sem dúvida, o coloca em uma atitude epistemológica diferente, muito além de sua própria intencionalidade diante da produção do conhecimento. Sobre isso, Freud escreveu:

> O que segue é especulação, com freqüência interpretação forçada, que o leitor levará em consideração ou colocará de lado, de acordo com a sua preferência individual (1977:39).

Com essa frase, Freud reconhece implicitamente o lugar da subjetividade na produção do conhecimento e com ela separa radicalmente a construção teórica de seu vínculo isomorfo e linear com o momento empírico, o qual, no entanto, necessita de elaboração epistemológica para não se converter em chamado estéril à especulação.

O interessante do mencionado no parágrafo anterior é que constitui uma tomada de consciência sobre a expressão diferenciada de seu pensamento em relação ao objeto, o qual foi característico da epistemologia freudiana. Freud deixou claro que sua construção teórica estava comprometida com a evolução de suas próprias idéias, um dos pontos fortes de sua produção, que se enfraquece em seu valor epistemológico quando não consegue afastar-se de uma definição naturalista de seu objeto. Essa compreensão do objeto remete à sua existência natural e, portanto, é possível apresentá-la como versão final do conhecimento suscetível de captar a essência última do estudado, uma das aspirações explícitas de Freud.

A epistemologia implícita que Freud nos legou é uma aproximação qualitativa à produção do conhecimento, que está limitada pelas invariantes estruturais de sua própria teoria: através delas atribuiu significação a qualquer expressão singular. Ao apresentar seu modelo teórico como correspondente à natureza do estudado, Freud diminuiu as zonas desconhecidas de seu próprio objeto, com o qual facilitou a conversão de sua teoria em doutrina.

No entanto, de um ponto de vista metodológico, Freud opôs resistência a uma orientação experimental quantitativa, o que expressou claramente em sua resposta a uma carta de Rozenzweig, em que este último lhe explicava sua intenção de provar experimentalmente a psicanálise. Assim, ele escreveu:

> Examinei seus estudos experimentais com interesse para a verificação das proposições psicanalíticas. Não posso conceder muito valor a essa confirmação, porque a abundância de informação confiável sobre a qual essas proposições descansam as torna independentes da verificação experimental (1985:171).

Freud definiu com clareza o caráter pluridetermindo de suas construções teóricas, as que legitimou com independência dos critérios de verificação dominantes na literatura positivista. Em um quadro geral, Freud nos legou uma produção científica que se comporta como um processo em permanente transformação, no curso do qual a produção de novas idéias e categorias conduz a reformulações freqüentes dos postulados originais. A epistemologia freudiana nos reporta a uma forma de produção qualitativa do conhecimento, em que se destaca seu caráter interpretativo, singular e em permanente desenvolvimento, assim como o papel do sujeito como produtor do conhecimento.

O momento empírico da obra freudiana é representado pela análise de casos individuais, estudados na relação terapêutica. O modelo psicanalítico inspirou a produção de conhecimento em outros modelos dinâmicos, como a psicologia humanista. Ela segue o empenho de Freud para produzir teoria a partir do trabalho clínico, o qual desafia os princípios dominantes da ciência impostos pelo positivismo. Isso levou muitos autores a considerar tais enfoques só pelo valor clínico e não pelo valor científico, o que contribuiu fortemente para a separação entre trabalho científico e prática profissional, que tem marcado a psicologia como ciência.

Os autores humanistas constituem um grupo mais heterogêneo que o dos dedicados à psicanálise e nunca compartilharam uma teoria comum, a não ser princípios comuns sobre os quais construíram diferentes teorias. De forma geral, os humanistas superaram alguns aspectos importantes do reducionismo biologista freudiano e deram maior força ao sujeito individual, reconhecendo sua capacidade para produzir projetos e participar ativamente na regulação voluntária do comportamento.

O reconhecimento da atividade diferenciada do indivíduo, irredutível a padrões universais que explicam uma ampla gama de comportamentos, levou certos autores humanistas (entre os quais se destacam Rogers, Maslow e Allport) a realizar pesquisas específicas orientadas à metodologia do conhecimento, nas quais questionaram a orientação positivista dominante na pesquisa psicológica. O humanismo gerou um conjunto de pesquisas sobre a educação, a saúde e o trabalho nas organizações. Maslow expressa a evolução do pensamento desses autores na seguinte reflexão:

> Oferecia (referindo-se ao comportamentalismo de Watson) uma técnica (o condicionamento) que prometia resolver todos os problemas e uma filosofia maravilhosamente convincente (positivismo) que era fácil de entender e de aplicar e que nos protegia de todos os erros do passado. Mas, uma vez que eu era psicoterapeuta, analisado (psicologicamente), pai, professor e estudioso da personalidade, isto é, dado que me ocupava de pessoas completas, "a psicologia científica" me foi parecendo de pouca utilidade. Nesse reino de pessoas, encontrei apoio maior na psicodinâmica, em particular nas psicologias de Freud e Adler, que certamente não eram cientistas segundo as definições da época (1979:15-16).

Na citação anterior observa-se a pressão que se exerceu contra a psicanálise pelo empirismo dominante da psicologia americana, assim como a evolução das posições dos psicólogos humanistas, que em geral foram influenciados pela psicanálise. A obra de onde foi extraída a citação de Maslow, *Psicología de la ciencia*, foi uma das tentativas explícitas mais importantes dos autores humanistas para desenvolver uma proposta metodológica.

Allport foi outro dos autores humanistas que expressou uma particular preocupação pelos métodos de pesquisa em psicologia e apresentou o que chamou de métodos morfogênicos, por sua analogia com a utilização do termo na biologia, que significa o estudo das funções, e não simplesmente a descrição das propriedades do estudado. Os métodos definidos por Allport como morfogênicos são métodos abertos que facilitam a expressão livre do sujeito. Entre eles estão as composições, os diários, os epistolários, a técnica de autolocalização, assim como diferentes formas de indução livre para a expressão do sujeito estudado.

Allport, como os demais autores humanistas, expressou sua preocupação pelo distanciamento das técnicas psicológicas das condições em que a vida humana se desenvolve. Quanto a esse ponto, afirmou:

> Dois tipos de enfoque predominam na psicologia anglo-americana. Nós nos referimos aos métodos estímulo-resposta e aos estatísticos. A unidade considerada pela psicologia do estímulo-resposta é o hábito, a unidade estatística é o fator. Ambas sofrem de marcadas limitações, sendo a mais importante seu distanciamento em relação à estrutura da vida humana, tal como a observamos ordinariamente (1967:394).

Os autores humanistas tiveram, entre outras, importante influência da fenomenologia, que se reflete em seus diferentes princípios. Procuraram levar em conta a perspectiva do outro, tomando consciência da importância do contexto metodológico e das relações com o sujeito, para o desenvolvimento da investigação. As mudanças metodológicas propiciadas pelo humanismo guardam estreita relação com as mudanças teóricas que esse movimento produziu em relação à psicanálise. Apesar das importantes mudanças no campo teórico e metodológico, o humanismo continuou postulando a presença de uma essência universal do ser humano, expressa de formas diversas pelos diferentes autores, por meio de termos como *tendência atualizante, tendência à auto-realização* etc.

O humanismo, através da explicitação de um conjunto de posições no campo metodológico, contribuiu para continuar o caminho até uma epistemologia diferente quanto à construção do conhecimento psicológico. No entanto, a evolução das reflexões de caráter metodológico em psicologia não entrou em contato com o movimento que se desenvolvia nessa direção na antropologia e na sociologia.

A Gestalt é um movimento que, em nossa opinião, nunca teve reconhecido o lugar que merece na história da psicologia (talvez pela influência do monopólio americano na difusão dos modelos dominantes), apesar de seus importantes aportes metodológicos, que se desenvolveram com maior profundidade e especificidade que as correntes anteriores.

T. Dembo, que fora discípula e colaboradora de Lewin, escreveu o primeiro artigo que conseguimos identificar em nossa revisão bibliográfica sobre o qualitativo em psicologia, intitulado *Pensamientos sobre los determinantes cualitativos en psicología. Un estudio metodológico*, no qual tentou definir a dimensão do qualitativo na pesquisa psicológica, apresentando um conjunto de reflexões que mantêm todo seu valor até o momento atual.

A perspectiva metodológica da "Teoria topológica Gestalt" em que se inspirou Dembo destaca-se por seu interesse não só pelo tipo de observações sobre o tema central da pesquisa, nesse caso pela figura da pesquisa, mas por tudo o que pode ter relação com ele. Por isso atribui particular importância ao meio.

Para esses pesquisadores, quaisquer das relações desenvolvidas durante a pesquisa, não só a relação entre a pessoa e o meio, mas também qualquer outra que ocorra durante o estudo, devem ser examinadas em termos de seus efeitos sobre o tema principal. Essa premissa tem importante significação metodológica, pois define a abertura do pesquisador em relação ao fenômeno estudado. A simplificação *a priori* do objeto de pesquisa, característica central da epistemologia positivista, é recusada na perspectiva metodológica assumida pela Gestalt, segundo a qual o problema a pesquisar é inseparável dos processos que surgem no contexto da pesquisa.

Dembo enfatiza a necessidade de uma observação experimental que implique as emoções. Com esse propósito, escreveu:

> As experiências qualitativas são questão estritamente pessoal de qualquer ser vivo. São um tipo de observação disponível de forma direta só ao portador da experiência, não a qualquer outra pessoa. Essa privacidade das observações experimentais as faz amplamente diferentes da observação objetiva daqueles que estão fora... A experiência pessoal está ligada de forma mais estreita e direta não só à questão da pesquisa (qualidade) mas também aos sentimentos e valores da pessoa; portanto, creio eu, pode ser mais potente em sua relação com as questões qualitativas (22-25).

Na citação anterior observamos a influência da fenomenologia que caracterizou todo o planejamento da Gestalt, orientado para legitimar o caráter subjetivo dos processos psíquicos. Os experimentos de K. Lewin, na Alemanha, integram muitos aspectos qualitativos da situação.

A experiência da Gestalt foi relevante para a psicologia européia; no entanto, não teve grande efeito na psicologia internacional, entre outras coisas, pelo impacto da Segunda Guerra Mundial sobre a Europa e especialmente em Berlim, onde cientistas da Universidade de Berlim foram perseguidos, o que levou a uma emigração maciça de pesquisadores para os Estados Unidos, como no caso de K. Lewin. Outros, como B. Zeigarnik, foram para a União Soviética, onde se desenvolveu uma psicologia histórico-cultural que se nutriu da herança da Gestalt.

A psicologia soviética, influenciada pela Gestalt e pela psicologia européia em geral, foi outra via importante para o desenvolvimento da pesquisa qualitativa. Teve, em nossa opinião, importante influência na mudança das visões naturalistas sobre o objeto da psicologia, a qual aparece com clareza nos trabalhos pioneiros de L. S. Vygotsky e S. L. Rubinstein. Para ambos, o social, compreendido como processo cultural, era essencial para a constituição da psique, e eles deram os primeiros passos na superação da dicotomia entre o externo e o interno e entre o social e o individual, premissas essenciais para o desenvolvimento de um conceito da subjetividade.[5]

Contudo, na interpretação mecanicista do marxismo dominante na União Soviética, o que distinguia o compromisso ideológico era uma supervalorização do social e do objetivo em relação ao subjetivo. Essa situação começou a ser reconhecida diretamente na psicologia soviética no fim da década de 70 e início da de 80, o que deu origem a uma análise crítica de caráter histórico que continua até hoje. Entre os psicólogos que mantiveram uma expressão crítica em relação a essa realidade da psicologia soviética, estão aqueles que, apesar das pressões, não se afastaram dos temas da personalidade, da motivação e do desenvolvimento, como L. Bozhovich, N. Menchinskaia, V. Chudnovsky, N. Nepomnichaia, E. Shorojova e K. Abuljanova.

V. Chudnovsky escreveu:

> É impossível não afirmar que, no curso de vários decênios, o problema da subjetividade em nossa ciência e na prática social foi subestimado (...) A necessidade de uma luta pela compreensão materialista do desenvolvimento social exigiu (e isso foi correto) a ênfase na influência decisiva das forças produtivas e das relações de produção sobre a ideologia da sociedade e, através dela, no desenvolvimento da consciência e da personalidade do homem concreto. La-

---

5. Para mais informações sobre o tema, consulte o livro *Epistemología cualitativa y subjetividad*.

mentavelmente, essas posições, que em si mesmas constituem um indiscutível pilar do marxismo, se tornaram absolutas e se converteram em um dogma (1982:15).

Os autores que pesquisavam sobre a personalidade e as motivações humanas eram um grupo minoritário na psicologia soviética, que seguiu uma orientação metodológica qualitativa, em temas como o desenvolvimento moral, a motivação profissional e a personalidade. As posições qualitativas expressavam dois atributos essenciais: o caráter participativo dos pesquisadores e a abertura na definição das vias de produção de informação.

Foi característico dos autores soviéticos nessa etapa o uso de instrumentos abertos e não-padronizados, ainda que os processos de produção de informação a partir deles tenham se apoiado essencialmente nas opções mais descritivas da análise do conteúdo. Na realidade, apesar do amplo uso dos instrumentos e procedimentos qualitativos na pesquisa, a metodologia não foi desenvolvida explicitamente entre os autores soviéticos, o que se pode explicar, entre outras coisas, por sua implicação com questões filosóficas que os pesquisadores prefeririam ignorar.

A psicologia soviética se orientou para o estudo das funções cognitivas, que mostrou ser o "terreno mais fértil" para a "demonstração" dos princípios mais gerais da teoria da atividade, convertida em uma espécie de psicologia oficial, depois da geração que inaugurou a escola soviética do pensamento psicológico. Essa tendência expressou uma clara orientação experimentalista, cujas exigências se adaptavam perfeitamente à epistemologia positivista.

Em um trabalho recente de particular significado histórico, V. P. Zinchenko assinala:

> Na teoria da atividade, argumenta-se que todos os processos psicológicos, incluída a personalidade (veja-se Asmolov, 1990), têm natureza de atividade objetal, e nisso se apóiam os resultados dessa corrente. Seus defensores se serviram do método experimental para

analisar as ações sensoriais, perceptivas, executivas, de memória, cognitivas e afetivas (1997:39).

A objetivação do psíquico no plano teórico foi associada à busca de objetividade no plano metodológico, o que fez os psicólogos retornarem a posições metodológicas positivistas. Em geral, o marxismo foi vítima de uma interpretação positivista e pragmática nos círculos de poder da União Soviética.

A tradição da psicologia soviética tem tido diferentes formas de expressão na psicologia ocidental e vem sendo objeto de diversas interpretações que encontram continuidade no chamado enfoque sociocultural, no co-construtivismo e em diversas interpretações da psicologia considerada a partir de um ponto de vista cultural. Nessas versões, tem-se mantido uma tendência mais orientada para o qualitativo, ainda que a construção dos problemas epistemológicos e metodológicos do conhecimento psicológico não tenha sido o melhor tratado por nenhuma delas

Outra direção do pensamento que tem feito importantes contribuições em termos metodológicos na psicologia é o construtivismo, que, desde sua origem, nos trabalhos de Piaget, teve clara definição metodológica qualitativa. Após a contribuição de Piaget, foram desenvolvidos trabalhos voltados para a formalização das pesquisas que se orientam para a integração do qualitativo e do quantitativo, que representam um avanço em relação às concepções originais de Piaget (Pascual Leone, Case e outros).

O construtivismo, no entanto, em nossa opinião, não tem explorado o valor epistemológico do termo construção em suas implicações metodológicas para a construção do conhecimento científico em psicologia. Os autores do construtivismo crítico, alternativa que tem tido como principal atividade a psicoterapia, têm feito contribuições epistemológicas relevantes que, no entanto, não têm levado a uma reflexão metodológica explícita, e têm se dedicado mais à construção dos processos implicados na psicoterapia que à elaboração de uma concepção mais ampla que integre a pesquisa psicológica.

Na obra *Epistemología cualitativa y subjetividad*,[6] dedicou-se uma ampla epígrafe à análise das implicações epistemológicas do construtivismo para a psicologia, razão pela qual não nos deteremos nelas na presente obra.

Finalmente, nos referiremos à *Teoría de las representaciones sociales* que, articulando uma forte influência da sociologia, essencialmente de Durkheim, e da psicologia, principalmente de Piaget, desenvolve uma concepção que contém as contradições que têm caracterizado as propostas qualitativas e quantitativas na psicologia. De um lado, está a tendência estrutural para a compreensão das representações sociais (Albric, Doise), que se apóia em métodos experimentais e estatísticos para o estudo das representações; de outro, encontramos um conjunto de autores orientados para a compreensão das representações como processo, que defendem mais o uso do métodos qualitativos, entre os quais se destaca D. Jodelet.

A questão dos métodos e das definições epistemológicas no estudo das representações sociais foi o tema central de um recente encontro realizado em Natal (1998), Brasil, com a participação de destacados pesquisadores, entre eles, Moscovici e Jodelet. Nesse encontro ficaram evidentes as diferentes tendências atuais, tanto na produção teórica sobre o tema como na compreensão das questões epistemológicas e metodológicas relacionadas com a pesquisa nessa área.

É de grande interesse o fato de que, mesmo quando existe uma longa história de aproximação a formas qualitativas de construção do conhecimento em psicologia, estas não têm conduzido a uma elaboração explícita do tema nos campos epistemológicos e metodológicos, o que mostra a hegemonia das crenças e cosmovisões positivistas na pesquisa psicológica.

Todas as tradições que mencionamos se mantêm vivas em múltiplas formas nas diferentes tendências da psicologia, entre elas podemos situar esta obra, voltada para o qualitativo não só pela meto-

---
6. *Ibid.*

dologia, mas por ser base de uma reconstrução epistemológica que procura responder às exigências da construção do conhecimento acerca da subjetividade.

## Uma reflexão epistemológica acerca do desenvolvimento da pesquisa qualitativa em psicologia

Quando apresentamos pela primeira vez nossa compreensão do qualitativo, essencialmente como definição epistemológica, tínhamos plena consciência de que a definição do qualitativo na pesquisa psicológica não era uma questão instrumental, nem tampouco uma questão definida pelo tipo de dados que devem ser incluídos, mas que se define essencialmente pelos processos implicados na construção do conhecimento, pela forma de se produzir o conhecimento.

A definição de uma "epistemologia qualitativa", expressão que pode parecer redundante perante o fato de que toda epistemologia como construção dos processos do conhecimento é qualitativa, demanda significação ante a necessidade de especificar epistemologicamente o qualitativo, necessidade compartilhada de forma crescente por diferentes pesquisadores, mas que ainda não encontrou um marco explícito entre as opções metodológicas atuais das ciências sociais, o qual é precisamente um dos nossos objetivos.

Rodríguez Sutil, pesquisador espanhol dedicado ao tema da pesquisa qualitativa, escreve:

> Pois a diferenciação tecnológica ou instrumental nos processos de pesquisa social concreta entre o enfoque quantitativo *versus* o quantitativo não é mais que a conseqüência de uma prévia e mais fundamental diferenciação metodológica, determinada pela existência e pelas exigências específicas de dimensões e problemas epistemológicos de natureza heterogênea (1994:92).

Todavia, a reflexão acerca da natureza epistemológica das contradições entre o qualitativo e o quantitativo não tem sido adotada pelos pesquisadores sociais, em parte pelo caráter dominante da epistemologia positivista em que está baseado o uso dos métodos qualitativos.

A formulação de uma epistemologia qualitativa tem antecedentes importantes no marxismo, na epistemologia histórica francesa, na teoria da complexidade e nos trabalhos de P. Feyerabend. Diferentes filósofos frisam a importância da filosofia para o desenvolvimento de epistemologias particulares de cada ciência (G. Bachelard, L. Seve). L. Seve escreveu:

> Em outras palavras: se o nascimento da filosofia marxista põe fim à quimera de um conhecimento filosófico dos objetos científicos, assinala, ao mesmo tempo, a aparição de um conhecimento científico dos objetos filosóficos; essa é outra face da filosofia materialista dialética. E isso situa em um plano superior a especificidade da filosofia e sua responsabilidade em relação às ciências particulares – por exemplo, a psicologia –; dessa vez, segundo vemos, já não no sentido inaceitável de uma tentativa encaminhada para deduzir ou construir *a priori* seu conteúdo concreto, a partir dos princípios de uma concepção geral do mundo, mas no sentido muito diferente de uma ajuda proporcionada à ciência para a solução dos problemas epistemológicos que se lhe apresentam (1972:49).

A construção das questões epistemológicas implicadas nas ciências particulares tem estreita relação com as questões epistemológicas gerais tratadas pela filosofia. Essa relação, no entanto, não repousará na importação direta do elaborado na filosofia ao campo das ciências particulares, mas será um intercâmbio recíproco que garantirá o desenvolvimento simultâneo da epistemologia a ambos os níveis.

O caráter ontológico diferente dos objetos de estudo das ciências particulares estimula construções teóricas que, embora suscetíveis de complementar-se entre si nas elaborações teóricas mais universais da filosofia, conduzem à elaboração de epistemologias diferentes, questão que tem sido pouco desenvolvida nos campos particulares da pesquisa científica. A esse respeito, o sociólogo espanhol J. Ibáñez afirma:

O pensamento objetivista que mais ou menos se inspira na epistemologia de Newton tinha sentido para este porque os objetos do sistema solar que ele pesquisava são pouco subjetivos e a pesquisa de Newton os afetava muito pouco também: a Lua não mudou nada pelo fato de Newton tê-la estudado. É lógico que alguém que pesquisa sistemas muito objetivos (no sentido clássico dessa palavra) implicitamente segue o princípio da objetividade. Mas os pesquisadores sociais, os sociólogos, os psicólogos, os lingüistas, os psicanalistas, os semióticos deparam com objetos que são sujeitos com a mesma capacidade de distinção e objetivação deles mesmos (1994:xi-xii).

Todavia, o desenvolvimento da metodologia na psicologia não é associado a uma reflexão epistemológica alternativa que explique os processos envolvidos na metodologia adotada. Nesse momento histórico, quando são descobertas novas dimensões do objeto de estudo da psicologia, assim como novas concepções do processo do conhecimento que afetam de forma geral o desenvolvimento das ciências, a reflexão epistemológica torna-se insubstituível.

O resgate do individual e da dimensão construtiva do conhecimento adquire significação essencial no caso da psicologia. O desenvolvimento de uma epistemologia para os processos envolvidos na construção teórica das formas mais complexas que hoje se integram à representação do objeto da psicologia, entre elas a subjetividade, exige identificar e satisfazer as necessidades epistemológicas subjacentes a essa construção, o que implica uma referência epistemológica no desenvolvimento de alternativas metodológicas que, de forma integral, respondam a uma maneira diferente de fazer ciência.

A metodologia qualitativa ignora, com muita freqüência, os princípios epistemológicos que estão na base da produção científica, e isso leva a produzir alternativas que ficam dentro dos limites epistemológicos das opções que pretendia superar. Esse é o caso de muitas das tentativas qualitativas que têm caracterizado a pesquisa social, as quais não podem superar a epistemologia positivista que está na base do desenvolvimento dos métodos quantitativos (Bogdan e Taylor, Strauss, Glasser, Lincoln, Guba e outros).

A epistemologia aplicada às ciências sociais assume em todas as suas conseqüências o caráter histórico-cultural de seu objeto e do conhecimento como construção humana. Nas palavras de Morin:

> Assim, o conhecimento está ligado, de todos os lados, à estrutura da cultura, à organização social, à práxis histórica. Ele não é só condicionado, determinado e produzido, mas é também condicionante, determinante e produtor (o que demonstra de maneira evidente a aventura do conhecimento científico) (1998:31).

Essa concepção do conhecimento começa a se expandir entre os cientistas e permite sair do princípio estreito da "objetividade" adotado como pretensão de relação biunívoca entre realidade e conhecimento.

A citação de Morin tem estreita relação com autores que tiveram uma visão crítica da epistemologia positivista tradicional (Cavailles, Canguilhen, Bachelard e Feyerabend, entre outros). Feyerabend, criticado pelo radicalismo de sua abordagem, opõe uma visão humana da construção do conhecimento, em tudo o que ela tem de irregular, singular, casual e subjetivo, à visão rígida, despersonalizada e determinista que caracteriza o positivismo. Porém, na nossa opinião, cometeu o erro de proclamar-se anarquista e, pelo caráter ideológico da própria definição, introduziu os fantasmas do caos e a irresponsabilidade no âmbito historicamente ascético da ciência. Feyerabend afirma:

> Não há uma "racionalidade científica" que possa ser considerada guia para cada pesquisa, mas há normas obtidas de experiências anteriores, sugestões heurísticas, concepções do mundo, absurdos metafísicos, restos e fragmentos de teorias abandonadas, e de todos eles fará uso o cientista em sua pesquisa (1993:1).

Essa é uma idéia essencial para abandonar as crenças que, com a ciência, geraram a epistemologia positivista.

Em primeiro lugar, a ciência não é só racionalidade, é subjetividade em tudo o que o termo implica, é emoção, individualização, contradição, enfim, é expressão íntegra do fluxo da vida humana, que se realiza através de sujeitos individuais, nos quais sua experiência se concretiza na forma individualizada de sua produção. O social surge na rota única dos indivíduos constituídos em uma sociedade e uma cultura particular. A representação da ciência como atividade supra-individual, que supõe a não-participação do pesquisador e o controle de sua subjetividade, ignora o caráter interativo e subjetivo do nosso objeto, o qual é condição de sua expressão comprometida na pesquisa. Sem implicação subjetiva do sujeito pesquisado, a informação produzida no curso do estudo perde significação e, portanto, objetividade, no sentido mais amplo da palavra.

Compreender a ciência como produção diferenciada de indivíduos com trajetórias individuais únicas pressupõe recuperar o lugar central do cientista como sujeito de pensamento e, com isso, o lugar central do teórico na produção científica, que é um dos princípios do que temos definido como epistemologia qualitativa. E. Morin escreveu:

> Ao considerar até que ponto o conhecimento é produzido por uma cultura, dependente de uma cultura, integrado a uma cultura, pode-se ter a impressão de que nada seria capaz de libertá-lo.
>
> Mas seria ignorar as potencialidades da autonomia relativa, dos espíritos individuais em todas as culturas (...) E, sempre, em todas as partes, o conhecimento transita pelos espíritos individuais, que dispõem de autonomia potencial, a qual pode, em certas condições, atualizar-se e tornar-se pensamento pessoal (1998:30-31).

Propomos a epistemologia qualitativa como forma de satisfazer as exigências epistemológicas inerentes ao estudo da subjetividade como parte constitutiva do indivíduo e das diferentes formas de organização social. A subjetividade não é um produto da cultura, é ela mesma constitutiva da cultura, não pode ser considerada resultado subjetivo de processos objetivos externos a ela, mas expressão objetiva de uma realidade subjetivada. Como assinalou P. Demo:

> Somos objetivos como fato social. Quero dizer, nossa subjetividade é um fato, mas a expressamos de modo subjetivo, à nossa maneira (1995:14).

A subjetividade, como temos afirmado em outras obras, pressupõe superar um conjunto de dicotomias que caracterizam as produções teóricas nas ciências humanas, como são as dicotomias entre o social-individual, o interno-externo, o afetivo-cognitivo, o intrapsíquico-interativo.

A subjetividade faz parte das realidades complexas que a epistemologia da complexidade legitima como representações do pensamento científico, e sua compreensão exige a liberação de amarras de nosso pensamento para acessar formas de representação diferentes daquelas em que repousa a compreensão do psíquico, apesar de haver existido não poucos antecedentes de pensamento complexo no desenvolvimento de nossa ciência. A complexidade, não obstante, não pode ser adotada como uma moda que nos leve a incorporar conceitos de outras epistemologias ou da filosofia. Ela abre uma visão de mundo que deve encontrar suas formas de expressão no pensamento psicológico.

A epistemologia qualitativa é um esforço na busca de formas diferentes de produção de conhecimento em psicologia que permitam a criação teórica acerca da realidade pluridetermidada, diferenciada, irregular, interativa e histórica, que representa a subjetividade humana. De acordo com ela, pretendemos demonstrar neste livro as conseqüências metodológicas desse conceito mediante a apresentação de uma alternativa de pesquisa qualitativa comprometida de forma explícita com uma epistemologia e uma representação teórica do objeto de estudo.

A idéia de converter o qualitativo em um paradigma que se sustente por si mesmo como unidade de um referencial metodológico para as diferentes ciências sociais não me parece o melhor caminho para a defesa de uma forma alternativa de construção do conhecimento em face da epistemologia positivista e seus diferentes e sutis derivados metodológicos, pois implicaria a padronização de procedimentos que não respondem a uma metodologia abstrata, mas às conseqüências epistemológicas de representações teóricas diferentes. A contradição entre o qualitativo e o quantitativo não constitui contradição metodológica, ela só aparece em seu caráter contraditório no campo epistemológico.

A contradição entre o qualitativo e o quantitativo não se expressa instrumentalmente, mas nos processos centrais que caracterizam a produção de conhecimento. A epistemologia positivista, da qual expressões em psicologia é quantitativa, a denominada por Cronbach[7] *pesquisa correlacional*, é um recurso para produzir conhecimento por meio da simplificação do objeto em variáveis, que se convertem em produtos de conhecimento por sua correlação com outras variáveis.

A chamada pesquisa correlacional deu lugar a um modelo ascético, despersonalizado, regular e quantitativo de produzir conhecimento, que até hoje é considerado equivalente à chamada metodologia científica. Nesse modelo excluíam-se da condição de sujeitos pensantes tanto o pesquisador como o sujeito pesquisado, os quais eram substituídos por instrumentos validados e confiáveis, considerados caminho idôneo para produzir conhecimentos "objetivos" sobre o problema pesquisado. Essa obsessão pela objetividade se completava com a apresentação dos resultados em formas estatísticas. O número tornou-se assim uma entidade reificada portadora da "verdade científica".

Em uma crítica ao uso das matemáticas na sociologia, o sociólogo J. Ibáñez escreveu:

---

7. Cronbach, L. J., *Más allá de las dos disciplinas de la psicología científica*, 1997.

Para analisar os dados produzidos pela pesquisa costuma-se recorrer aos ramos das matemáticas menos flexíveis: álgebra linear, cálculo, estatística. O usual é que se recorra à análise de regressão, às análises variáveis múltiplas por mínimos quadrados, à análise fatorial ou de probabilidades etc. (...) E desse ponto se inicia a análise fatorial, operando sobre uma matriz de coeficientes de correlação linear, que são o resultado de ter sido exprimida e jogada fora, pela aplicação linear, a maior parte da informação dos dados originais (1994:139).

A esse tipo de número se opõe a epistemologia qualitativa, pois o número é parte de uma linguagem do pensamento para alcançar formas complexas de definição qualitativa do estudado, o que inclusive se expressa de forma nítida na chamada matemática qualitativa. De fato, essa é a matemática que as chamadas "ciências duras" utilizam, em que as construções matemáticas são um momento do processo construtivo geral do pensamento, e não uma maneira de limitá-lo. As ciências de modelos matemáticos nunca substituíram a construção teórica pela produção de números, ao contrário, os números passaram a ser um momento essencial da construção teórica.

A epistemologia qualitativa se apóia em três princípios de importantes conseqüências metodológicas. Estes são:

O *conhecimento é uma produção construtiva-interpretativa*, isto é, o conhecimento não é uma soma de fatos definidos por constatações imediatas do momento empírico. Seu caráter interpretativo é gerado pela necessidade de dar sentido a expressões do sujeito estudado, cuja significação para o problema objeto de estudo é só indireta e implícita. A interpretação é um processo em que o pesquisador integra, reconstrói e apresenta em construções interpretativas diversos indicadores obtidos durante a pesquisa, os quais não teriam nenhum sentido se fossem tomados de forma isolada, como constatações empíricas.

O uso e a definição dos indicadores como categorias a serem usadas nos processos de construção de informação na pesquisa qualitativa serão apresentados de forma exaustiva mais adiante. A interpretação é um processo constante de complexidade progressiva, que se desenvolve por meio da atribuição de significado a formas diferentes do objeto estudado, nos marcos da organização conceitual mais complexa do processo interpretativo.

A interpretação, como temos afirmado em trabalhos anteriores,[8] não é um processo de redução da riqueza e diversidade do objeto estudado a categorias preestabelecidas, que dão significação às manifestações singulares do estudado nos termos das categorias invariáveis dos marcos teóricos adotados. Essa prática freqüente na interpretação psicanalítica tem motivado severas críticas de psicanalistas brasileiros destacados (R. Mezán, L. C. Figueredo). Mezán afirma a respeito:

> Onde está então a universalidade do Complexo de Édipo e da Lei de deformação? Podemos perceber agora que afirmá-la *a priori* não se justifica: nessa forma geral e assertiva, tal afirmação tem valor como resumo de inumeráveis psicanálises, mas só pode ser psicanaliticamente mantida se for reinventada e redescoberta em cada caso. E só pode ser reinventada e redescoberta se não quiser fingir-se de científica e definitiva ilustração *ad nauseam* de um princípio estabelecido de uma vez por todas, decifração aparentemente objetiva, mas na verdade **malandra**, de um sentido que já se conhece antes de começar (1983:73).

A interpretação é um processo diferenciado que dá sentido a diferentes manifestações do estudado e as converte em momentos particulares do processo geral, orientado à construção teórica do sujeito, em sua condição de sujeito social, como pode ser a família, a comunidade, a escola, ou de sujeito individual.

A interpretação não se refere a nenhuma categoria universal e invariável do marco teórico adotado, é um processo que se realiza

---

8. González Rey, F. *Problemas epistemológicos de la psicología* (1993) e *Epistemología cualitativa y subjetividad* (1997).

através da unicidade e complexidade do sujeito estudado. A teoria está presente como instrumento a serviço do pesquisador em todo o processo interpretativo, mas não como conjunto de categorias *a priori* capazes de dar conta dos processos únicos e imprevistos da pesquisa: só influi no curso das construções teóricas do pesquisador sobre o objeto. A teoria constitui um dos sentidos do processo de produção teórica, não o esquema geral ao qual se deve subordinar esse processo.

Ainda que toda interpretação seja uma construção, há construções geradas pelo curso das idéias que se combinam no pensamento do pesquisador, que têm uma relação mais indireta e implícita com o problema estudado que aquela que caracteriza a interpretação. Essas construções, de natureza teórica, não podem ser seguidas pelo pesquisador no momento empírico, que passa a ser uma referência indireta e mediata em relação àquelas. O pesquisador, como sujeito, produz idéias ao longo da pesquisa, em um processo permanente que conta com momentos de integração e continuidade de seu próprio pensamento, sem referências identificáveis no momento empírico. Esse nível teórico da produção científica é deixado de lado pela epistemologia positivista, em que o cenário da ciência é definido pelo aspecto empírico.

Um elemento essencial para distinguir a metodologia qualitativa que propomos da maioria dos enfoques, reconhecidos no chamado paradigma qualitativo, é que, para nós, não obstante o que muitos autores sustentam (Taylor e Bogdan, Glasser e Strauss, Guba e Lincoln, Creswell e outros), as modalidades qualitativas produzem estruturas teóricas que vão muito além de qualquer critério atual de confirmação no plano empírico. Essas construções se convertem em recursos indispensáveis para entrar em zonas de sentido ocultas pela aparência. Esse princípio tem diferentes repercussões ao nível metodológico, entre as quais estão o lugar ativo do pesquisador e do sujeito pesquisado como produtores de pensamento.

Quando afirmamos o caráter construtivo-interpretativo da produção de conhecimentos, não o contrapomos ao caráter descritivo, que é outra forma de produção de conhecimento, não só compatível com a construção teórica, mas freqüentemente necessário nela.

*Caráter interativo do processo de produção do conhecimento.* Esse segundo atributo da epistemologia qualitativa enfatiza que as relações pesquisador-pesquisado são uma condição para o desenvolvimento das pesquisas nas ciências humanas e que o interativo é uma dimensão essencial do processo de produção de conhecimentos, um atributo constitutivo do processo de estudo dos fenômenos humanos.

Esse princípio orientará a ressignificação dos processos de comunicação no nível metodológico e mudará muito do instituído nos projetos para pesquisa realizados sobre a influência positivista. A partir dessa perspectiva epistemológica, o principal cenário da pesquisa são as relações pesquisador-pesquisado e as relações dos sujeitos pesquisados entre si nas diferentes formas de trabalho grupal que a pesquisa pressupõe.

A consideração da natureza interativa do processo de produção do conhecimento implica compreendê-lo como processo que assimila os imprevistos de todo o sistema de comunicação humana e que, inclusive, utiliza esses imprevistos como situações significativas para o conhecimento. Outra conseqüência importante da aceitação da natureza interativa do conhecimento é a aceitação dos momentos informais que surgem durante a comunicação, como produtores de informação relevante para a produção teórica.

A consideração do caráter interativo da produção de conhecimentos outorga valor especial aos diálogos que nela se desenvolvem e nos quais os sujeitos se envolvem emocionalmente e comprometem sua reflexão em um processo em que se produzem informações de grande significado para a pesquisa. Aceitar o curso dos diálogos abertos entre os participantes da pesquisa pressupõe estimular a discussão dos sujeitos estudados entre si, em um processo pelo qual o interlocutor facilita idéias e emoções que só surgem ao calor da reflexão conjunta e espontânea em que se desenvolve a vida cotidiana dos protagonistas (M. Billig, 1997).

O caráter interativo do conhecimento leva a reivindicar a importância do contexto e das relações entre os sujeitos que intervêm na pesquisa (a do pesquisador e do pesquisado, por exemplo), como momentos essenciais para a qualidade do conhecimento produzido.

*Significação da singularidade como nível legítimo da produção do conhecimento.* A singularidade foi historicamente desconsiderada quanto à sua legitimidade como fonte de conhecimento científico; mas na pesquisa da subjetividade adquire importante significação qualitativa, que impede de identificá-la com o conceito de *individualidade*. A singularidade se constitui como realidade diferenciada na história da constituição subjetiva do indivíduo.

Assim, quando trabalhamos com o sujeito como singularidade, o identificamos como forma única e diferenciada de constituição subjetiva, o que marca uma diferença essencial em relação à pesquisa experimental comportamentalista, que trabalha com indivíduos a partir da premissa de que não existem entre eles diferenças que influam sobre o comportamento estudado. Sob esse aspecto, a investigação comportamentalista usa o indivíduo como entidade objetivada, enquanto nós utilizamos a singularidade como momento diferenciado e subjetivado, que aparece como individualidade em condição de sujeito.

O conhecimento científico, a partir desse ponto de vista qualitativo, não se legitima pela quantidade de sujeitos a serem estudados, mas pela qualidade de sua expressão. O número de sujeitos a serem estudados responde a um critério qualitativo, definido essencialmente pelas necessidades do processo de conhecimento que surgem no curso da pesquisa.

A expressão individual do sujeito adquire significação conforme o lugar que pode ter em determinado momento para a produção de idéias por parte do pesquisador. A informação expressa por um sujeito concreto pode converter-se em um aspecto significativo para a produção de conhecimento, sem que tenha de repetir-se necessariamente em outros sujeitos. Ao contrário, seu lugar no processo teórico pode legitimar-se de múltiplas formas no curso da pesquisa. A legitimação do conhecimento se produz pelo que significa uma construção ou um resultado em relação às necessidades atuais do processo de pesquisa.

O número de casos a serem considerados em uma pesquisa tem a ver, antes de tudo, com as necessidades de informação que se definem em seu curso. Em certas ocasiões, é necessário abrir novas zonas de significado do problema estudado, sobre as quais são elaboradas diferentes hipóteses no curso da pesquisa, as quais, no entanto, não puderam se confrontar com a expressão dos sujeitos estudados.

Os três princípios gerais da epistemologia qualitativa apresentados levam a diferentes formas de produção de conhecimento, cujo desenvolvimento metodológico é um dos principais desafios para a psicologia. Nos capítulos que se seguem, aprofundaremos as definições metodológicas que temos produzido nesse caminho, dentro do qual os momentos teóricos, metodológicos e epistemológicos se sucederam de diferentes formas em um mesmo processo.

## Características da subjetividade como objeto da pesquisa psicológica

Para tratar as definições metodológicas que derivam do marco epistemológico apresentado, pensamos que seria útil uma breve exposição das características gerais do objeto de estudo adotado e das representações teóricas construídas sobre ele no momento atual do desenvolvimento da psicologia. A subjetividade tem sido, com freqüência, termo reservado para os processos que caracterizam o mundo interno do sujeito, sem que esse mundo interno, em sua condição subjetiva, tenha sido claramente elaborado teoricamente. É muito interessante a forma como a psicanálise passou a ser uma referência universal para o tema da subjetividade, praticamente em todas as esferas das ciências sociais, o que teve a ver, entre outras coisas, com o fato de fornecer informação sobre os processos complexos do mundo do sujeito, pouco elaborados pela psicologia e pelas ciências antropossociais em geral.

Na nossa opinião, a subjetividade é um sistema complexo de significações e sentidos subjetivos produzidos na vida cultural humana, e ela se define ontologicamente como diferente dos elementos sociais, biológicos, ecológicos e de qualquer outro tipo, relacionados entre si no complexo processo de seu desenvolvimento. Temos definido dois momentos essenciais na constituição da subjetividade – individual e social –, os quais se pressupõem de forma recíproca ao longo do desenvolvimento. A subjetividade individual é determinada socialmente, mas não por um determinismo linear externo, do social ao subjetivo, e sim em um processo de constituição que integra de forma simultânea as subjetividades social e individual. O indivíduo é um elemento constituinte da subjetividade social e, simultaneamente, se constitui nela.

Excluir a dimensão individual da subjetividade social leva a ignorar a história do social em sua expressão diferenciada atual, que se expressa nos indivíduos. Negar o indivíduo como singularidade subjetivamente constituída é ignorar a complexidade da subjetividade, a qual se constitui simultaneamente em uma multiplicidade de níveis, que podem ser contraditórios entre si, mas de cujo funcionamento dependem os diferentes momentos do desenvolvimento subjetivo. As subjetividades social e individual constituem dois níveis que se integram na definição qualitativa do subjetivo e que, ao mesmo tempo, são momentos constantes de tensão e contradição que atuam como força motriz do desenvolvimento em ambas as instâncias da subjetividade.

A subjetividade é um sistema processual, pluridetermindo, contraditório, em constante desenvolvimento, sensível à qualidade de seus momentos atuais, o qual tem um papel essencial nas diferentes opções do sujeito. A subjetividade não se caracteriza por invariantes estruturais que permitam construções universais sobre a natureza humana. A flexibilidade, versatilidade e complexidade da subjetividade permitem que o homem seja capaz de gerar permanentemente processos culturais que, bruscamente, modificam seu modo de vida, o que, por sua vez, leva à reconstituição da subjetividade, tanto social quanto individual. Os novos processos de subjetivação implicados nesses processos culturais se integram como momentos constitutivos do desenvolvimento da cultura.

A subjetividade individual se constitui em um indivíduo que atua como sujeito graças a sua condição subjetiva. O sujeito é histórico, uma vez que sua constituição subjetiva atual representa a síntese subjetivada de sua história pessoal, e é social, porque sua vida se desenvolve na sociedade, e nela produz novos sentidos e significações que, ao constituir-se subjetivamente, se convertem em constituintes de novos momentos de seu desenvolvimento subjetivo. Por sua vez, suas ações na vida social constituem um dos elementos essenciais das transformações da subjetividade social.

Em sua condição social, o indivíduo é parte de sistemas de relações constituídos nos sistemas de significação e sentido subjetivo que caracterizam a subjetividade social. Esses sistemas representam um momento constitutivo das estruturas dialógicas em que se expressa o sujeito em suas diferentes instâncias sociais; no entanto eles não se impõem como determinantes externos dessas estruturas dialógicas, mas são parte do sentido subjetivo que se constitui no diálogo. No desenvolvimento do sentido subjetivo de quaisquer dos momentos de existência social do sujeito, participam tanto os elementos da subjetividade social, quanto os da subjetividade individual, assim como os relacionados com os jogos de comunicação que se dão nos espaços de relação em que ele se expressa.

A subjetividade permite situar os conteúdos psíquicos parciais e fragmentados que constituíram o objeto da psicologia, por longo tempo, em momentos de processos mais abrangentes e complexos, que se articulam de formas diversas na organização subjetiva. Assim, por exemplo, a aprendizagem como função, que foi objeto exclusivo da psicologia da aprendizagem, surge em sua definição subjetiva como um processo que integra as condições atuais de vida do sujeito que aprende, a história de sua constituição subjetiva diferenciada, expressa em sua personalidade, e a qualidade dos processos de relação que caracterizam a vida escolar na configuração subjetiva do aprender, um aspecto essencial do sentido subjetivo da aprendizagem para o sujeito.

O sistema subjetivo é um sistema aberto, abrangente e irregular, que influencia as diversas experiências humanas no processo de subjetivação. A subjetividade conduz a um conceito diferente do psíquico, que impede sua codificação em categorias rígidas e imutáveis ou em entidades objetivas suscetíveis de medição, manipulação e controle. A subjetividade se constitui em unidades complexas, comprometidas de diferentes formas com o sistema subjetivo como um todo, tanto na organização singular do sujeito concreto, como nos diferentes níveis da subjetividade social.

Temos usado o termo configuração para definir as unidades constitutivas da personalidade, por ser um conceito que não se compromete com a natureza fixa e imutável de nenhum processo da experiência humana. Todo conteúdo da experiência aparece subjetivado em configurações, pelas quais adquire sentido subjetivo na sua integração com outros estados dinâmicos. Essa integração não é uma soma aditiva dos elementos que a integram, mas um novo momento qualitativo, que se define por seu funcionamento e sentido subjetivo dentro dos estados dinâmicos comprometidos com a sua aparição.

O termo configuração permite a diferenciação qualitativa dos processos psíquicos singulares, pois se opõe à forte tendência do pensamento psicológico fundamental da epistemologia quantitativa de encontrar definições universais que permitam diferenciar padrões responsáveis por uma ou outra forma de expressão humana, como a diferenciação dos alunos que aprendem bem dos que fracassam ou das pessoas criativas das que não o são. Quiseram padronizar essas diferenças por meio da quantificação de características pessoais, consideradas rasgos, dimensões ou tendências que poderiam ser medidas por provas psicológicas e usadas como critério para distinguir níveis de desenvolvimento ou rendimentos dos sujeitos estudados.

As tentativas descritas fracassaram pelo déficit de suas hipóteses de partida: como pensar que as diferenças dos processos psíquicos complexos, subjetivos, pudessem ser definidas por meio de modelos quantitativos que consideram o estudado como entidade homogênea, que varia só em atributos pontuais e comparáveis, suscetíveis de ser medidos de forma linear por provas padronizadas? A singularidade não aparece como exceção no domínio da subjetividade: ela é um momento qualitativo constituinte da subjetividade.

Nas pesquisas de A. Mitjans se fazem evidentes configurações subjetivas diferentes da criatividade em sujeitos altamente criativos, o que demonstra que existem formas de constituição subjetivas singulares, impossíveis de serem reduzidas a uma fórmula ou perfil geral dos sujeitos criativos. Recentemente descobrimos em E. Morin uma maneira parecida de compreender a criatividade, quando ele escreve, em relação ao poder criador da pessoa:

"A indeterminação e o poder criador estão plenamente inter-relacionados", falava Roman Jakobson. Trata-se, com efeito, da conjunção de uma indeterminação local sociocultural e de uma indeterminação psicossubjetiva individual que libera curiosidades, interrogações, insatisfações, imaginações. A partir delas podemos perguntar: qual é a parte de acaso nessa dupla conjunção social-cultural-histórica e subjetiva pessoal que reúne excepcionalmente tantos elementos diversos em uma configuração que permite a criação? (1998:68).

A diversidade da natureza qualitativa dos processos subjetivos e a enorme complexidade dos processos implicados em sua constituição impedem, em termos epistemológicos, sua construção por meio de respostas simples do sujeito diante de instrumentos padronizados. O estudo da subjetividade exige entrar nas formas mais complexas de expressão do sujeito e avançar na construção do conhecimento por vias indiretas e/ou implícitas em nosso objeto de estudo. Os problemas relativos ao estudo da subjetividade só serão conhecidos por meio de complexas construções teóricas que permitam seguir as evidências complexas e indiretas do estudado nas expressões diferenciadas, contraditórias e em constante desenvolvimento do sujeito.

A subjetividade, tanto individual como social, está em desenvolvimento constante e é afetada pelas condições em que o sujeito se expressa. Essas mudanças não ocorrem de forma imediata em seus níveis constitutivos, mas expressam indicadores que devem ser seguidos por categorias suficientemente amplas, flexíveis e abertas. As categorias tradicionais usadas pela psicologia concebem o estudado como entidades fixas, invariáveis e *a priori* em relação com o contexto em que tem lugar a atividade do sujeito.

É muito importante, do ponto de vista epistemológico, a forma como Vygotsky apresenta suas categorias, que aparecem como processais, abertas e situando o fenômeno que definem em suas relações com outros. Essas características são observadas com nitidez em suas definições de "zona de desenvolvimento proximal", "situação social do desenvolvimento" e "função psíquica superior".

As diferentes formas sintetizadoras da compreensão do psíquico tentaram apresentá-lo como produto da ação determinista de sistemas que apareciam como "objetivos" e "externos" em relação à própria psique. Nesse aspecto, as concepções orientadas para a compreensão histórico-cultural do psíquico não têm sido alheias à tendência de objetivar o psíquico, que se expressa nas obras de Vygotsky e de Bakhtin. Vygotsky, como analisamos em artigos anteriores,[9] tem uma obra rica e contraditória, em que a contradição entre o conceito da subjetividade e a compreensão objetivista do psíquico surge com freqüência. O conceito de interiorização tem, na minha opinião, forte conotação objetivista, expressa com toda nitidez na obra de Leontiev, após a morte de Vygotsky.

Em alguns textos da obra de Vygotsky, a noção de realidade norteia de forma muito direta o curso da vida psíquica. Assim, ele escreve:

> Os elementos que entram em sua composição (o autor se refere ao curso da produção de algo novo) são tomados da realidade pelo homem, em cujo pensamento sofreram complexa reelaboração convertendo-se em produto de sua imaginação. Por último, materializando-se, voltaram à realidade, mas trazendo consigo uma força

---

9. Veja-se L. S. Vygotsky, "Presencia y continuidad de su pensamiento en el centenario de su nacimiento", em *Psicología y Sociedade*, vol. 8, Núm.2, 1996.

ativa, nova, capaz de modificar essa mesma realidade, fechando-se desse modo o círculo da atividade criadora da imaginação humana (1987:44-45).

Nessa citação, pode-se ver como a realidade é para Vygotsky momento de origem de toda a atividade criadora, em que o real só aparece como momento constitutivo de um sentido subjetivo que não se repete, expresso pelo artista em sua obra.

O determinismo ingênuo e mecanicista, ao situar o real em uma relação biunívoca com os processos subjetivos, é parte do prejuízo em relação à subjetividade imposta pelo marxismo positivista dominante na ideologia soviética oficial da época. Em Bakhtin, os prejuízos contra a subjetividade são manifestos de forma mais desagradável e explícita. Em relação à natureza do psíquico, o autor escreve:

...o estudo das ideologias não depende da psicologia e não tem necessidade dela. Como veremos, é o oposto que é verdadeiro: a psicologia objetiva deve-se apoiar no estudo das ideologias. A realidade dos fenômenos ideológicos é a realidade objetiva dos signos sociais. As leis dessa realidade são as leis da comunicação semiótica e são diretamente determinadas pelo conjunto das leis sociais e econômicas. A realidade ideológica é uma superestrutura situada imediatamente acima da base econômica. A consciência individual não é o arquiteto dessa superestrutura ideológica, mas apenas um inquilino do edifício social dos signos ideológicos (1997:36).

Bakhtin sintetizou muito bem alguns dos prejuízos contra a subjetividade que, de forma generalizada, têm mantido os autores orientados por uma compreensão sócio-histórica e cultural da psique. Esses três termos nunca ficaram claramente definidos em suas complexas inter-relações. Assim, as considerações do social, sejam semióticas, objetais ou interativas, parecem ignorar a dimensão histórica dos processos psíquicos, ou identificar o social e o cultural com o semiótico.

Retornando à citação de Bakhtin, ele toma a ideologia como expressão semiótica, cuja objetividade deriva da objetividade dos signos; portanto, desobjetiva a ideologia, e a considera só em seu nível macro ou nível social. Além disso, a ideologia é descrita como diretamente determinada pelas leis sociais e econômicas, com o qual estabelece um determinismo linear entre a infra-estrutura e a superestrutura, pelo qual o sujeito concreto é simples eco das forças objetivas que o determinam. Por trás desses planejamentos expressa-se um desconhecimento total do lugar da subjetividade nos processos humanos. Na obra de Bakhtin a semiótica surge mais como expressão objetiva dos fenômenos econômicos e sociais, que como nível constitutivo da subjetividade humana.

A subjetividade, queremos insistir, não se interioriza: constitui-se mediante um processo em que o social atua como instância subjetiva, não como instância objetiva desprovida de subjetividade. Toda situação social objetiva se expressa com sentido subjetivo nas emoções e processos significativos que se produzem nos protagonistas dessas situações. F. Guattari, um dos autores que mais têm contribuído nos últimos anos ao desenvolvimento do conceito de subjetividade, escreve:

> Eu não diria que esses sistemas (o autor se refere aos sistemas subjetivos de submissão) são "interiorizados" ou "internalizados" de acordo com uma expressão que esteve muito em voga em certa época e que implica a idéia de subjetividade como algo a ser preenchido. Ao contrário, o que há é simplesmente uma produção de subjetividade (1986:16).

A subjetividade não é determinada pela cultura, pois esta é em si mesma subjetiva; o desenvolvimento do homem como subjetividade e a cultura são processos constitutivos complexos que ocorrem de forma simultânea. A cultura não teria sugido com um homem sem subjetividade. Todos os fenômenos da cultura são expressões de homens que transcendem o imediatismo do imposto de fora e se recriam na expressão do sentido que tem sua existência para eles.

Esses homens constroem produtos culturais que estão muito além do presente e que são essenciais para manter a dimensão futura que, de forma permanente, caracteriza o desenvolvimento da cultura.

A subjetividade se constitui, em sua própria história, no cenário real de seu desenvolvimento. Toda nova aquisição de sentido que aparece no desenvolvimento subjetivo se integra nos processos mais gerais de sentido que caracterizam o momento do desenvolvimento em que a nova aquisição se constitui. A contradição e a tensão geradas por esse momento particular serão parte do sentido subjetivo da nova experiência. Nenhuma experiência nova do sujeito adquire sentido pelo que ela significa de forma "objetiva". Toda nova experiência adquire sentido dentro do processo de subjetivação que caracteriza o desenvolvimento da personalidade.

A única forma de superar a tentação objetivista de explicar a subjetividade por sua relação biunívoca com os elementos presentes da vida social do sujeito é reconhecer seu caráter histórico, o que significa considerar os processos geradores do sentido dentro do sistema subjetivo, e não como produto imediato de uma influência externa. Não são os objetos, mas os sistemas de relações subjetivadas em que eles aparecem na ação humana, os responsáveis por seu sentido, para o desenvolvimento subjetivo.

Na subjetividade social, os fenômenos se separam ainda mais de seus determinantes objetivos aparentes. Os sentidos subjetivos que acompanham o curso da subjetividade social mudam sem modificar as ações de grupo e pessoas em sua estrutura atual, a qual, por meio de suas instituições, exerce forte controle sobre os sujeitos individuais. No entanto, em um momento concreto, ante uma pequena brecha na trama social e diante de uma ação emergente, que poderia ter sido insignificante em outra conjuntura, integra-se uma ação intensiva que, expressando o sistema de sentidos que vinha se gerando, muda o *status quo* do social atual. Esses fenômenos são vistos cada vez com maior freqüência e exemplos deles foram as mudanças nos países socialistas do Leste Europeu, assim como a expulsão do poder do general Suharto, na Indonésia.

O aspecto subjetivo dos fenômenos sociais não se define pela ação imediata do social sobre a população. Toda reação subjetiva, social ou individual está constituída por sua história e se expressa diante dos acontecimentos sociais atuais só como uma das formas possíveis de expressão dessa complexa trama nesse momento histórico. O social, o econômico, o político e outras formas constitutivas da vida social se constituem subjetivamente a partir das estruturas de sentido que caracterizam cada um dos momentos da subjetividade social.

A objetividade dos sistemas constituintes da vida social adquire sua dimensão subjetiva por meio da forma em que penetra os complexos sistemas de sentido e significação dos diferentes agrupamentos e instituições sociais. É nos sistemas de relações desses agrupamentos que se constitui a subjetividade individual. Por sua vez, é nessa singularidade, produzida na subjetividade individual, que surgem as melhores forças de resistência à subjetividade social dominante. Como bem expressa Guattari:

> A subjetividade circula em conjuntos sociais de diferentes dimensões: é essencialmente social, e adotada e vivida por indivíduos em suas existências particulares. O modo pelo qual os indivíduos vivem essa subjetividade oscila entre os extremos: uma relação de alienação e opressão, em que o indivíduo se submete à subjetividade tal como a recebe, ou uma relação de expressão e de criação em que o indivíduo se reapodera dos componentes da subjetividade, produzindo um processo que eu chamaria de singularização (1996:33).

Na citação anterior, Guattari expressa com muita clareza como os processos de singularização são parte irredutível da subjetividade.

A epistemologia qualitativa que apresentamos e as considerações metodológicas que dela derivam são uma resposta concreta aos desafios que entranham o estudo da subjetividade em todos os níveis. A ruptura violenta que pressupõe o conceito de subjetividade com as formas tradicionais de produção do pensamento psicológico tem de ser encarada com modificações radicais na produção de conhecimento, em que o metodológico deve ser acompanhado de permanente reflexão epistemológica.

## A definição do qualitativo na pesquisa psicológica

Tamara Dembo, a quem já nos referimos ao tratar da Gestalt, escreveu:

> Quando comecei minha pesquisa sobre as qualidades das unidades psicológicas, estas eram consideradas de maneira geral, na vida, na ciência, como portadoras de características qualitativas. Tais unidades qualitativas eram vistas como singulares (não relacionadas umas com as outras) e estáticas (inativas), e seus determinantes eram considerados impossíveis de serem analisados (...) Tive de sair das propriedades, que eram noções estáticas (não afetadas por outras unidades) que não permitiam uma compreensão da natureza das qualidades psicológicas em sua totalidade ou suas manifestações como entidades simples e corriqueiras (1993:15).

Tamara Dembo começou na década de 30 uma reflexão relacionada com o conceito dos determinantes qualitativos na psicologia, a qual foi interrompida e assim permanece até hoje em meio ao empirismo quantitativo e objetivista que caracteriza a psicologia como ciência. Na citação anterior, Dembo defende a idéia de uma compreensão do psicológico que supere o caráter estático e abstrato das unidades consideradas no estudo da psicologia e enfatiza também a necessidade de abordar os determinantes desses fenômenos, os quais estão ocultos, segundo ela, à visão de um observador externo.

Essa pesquisadora defende a idéia da natureza qualitativa do estudado, da qual vai desprender as exigências metodológicas concretas que explica na segunda parte da obra mencionada. Em relação aos atributos que caracterizam a definição qualitativa dos determinantes psicológicos, muitos dos quais podemos retomar, a autora explica:

> Agora retorno à nossa velha questão: o que é a qualidade? Gostaria muito de argumentar que as qualidades têm a ver com grande diversidade de entidades psicológicas e ocorrências, possivelmente a mais valiosa contribuição [dessa definição qualitativa] é ter descoberto uma área de determinantes ocultos de entidades e ocorrências, aos quais, de outra forma, parece, teríamos muitas dificuldades de ter acesso (1993:19).

A autora se refere, em nossa opinião, a um dos elementos essenciais da definição do qualitativo: seu caráter oculto à evidência. A qualidade dos fenômenos, a diferença de como é interpretada por muitos dos representantes do paradigma qualitativo que atribuem aos métodos qualitativos um caráter descritivo e aos processos de produção de conhecimento, a partir deles, um caráter indutivo (Taylor e Bogdan, Glasser e Strauss, Creswell, Quinn Patton e outros), não aparece de forma imediata à experiência nem se pode construir por via indutiva.

Com freqüência se quer banalizar o tema do qualitativo por meio da afirmação dialética de que o qualitativo resulta das mudanças quantitativas. Essa afirmação filosófica geral não pode ser extrapolada de forma simples aos elementos quantitativos que são construídos arbitrariamente para identificar o fenômeno, sem nenhuma relação com sua definição qualitativa, como tem sido o caso das unidades arbitrárias aplicadas ao estudo do psíquico. Estas têm sido definidas pela psicologia como entidades objetivas suscetíveis de definição quantitativa, sem nenhuma referência teórica relacionada com a qualidade dos processos estudados. A forma como se instituem o qualitativo e o quantitativo na psicologia não permite afirmar um *continuum* no estudo de um mesmo fenômeno, pois representa essencialmente duas maneiras diferentes de produzir conhecimento sobre o estudado.

Quando falamos do quantitativo na psicologia, nós nos referimos a entidades que não têm significação fora de sua definição numérica, como acontece quando trabalhamos com os dados que proporcionam muitas das provas mais utilizadas pelos psicólogos: o número substitui a qualidade do objeto. Essa classe de processamento de informação segue de forma estrita o caminho das lógicas numéricas correlacionais, em que a complexidade se identifica com a integração de mais fatores à análise fatorial, ou de outras técnicas de processamento estatístico, e as idéias são completamente eliminadas. Essa forma de uso do quantitativo nunca se refere à qualidade do estudado. Como afirma N. Hayes:

> Esta tem sido geralmente vista (o autor se refere à metodologia qualitativa), em oposição à metodologia quantitativa, a qual, ao menos em psicologia, produz com freqüência tentativas extremamente restritas na medida das condutas humanas ou dos processos cognitivos, o que diminui severamente sua relevância em relação ao vivido diariamente (1997:4).

A abordagem qualitativa no estudo da subjetividade volta-se para a elucidação, o conhecimento dos complexos processos que constituem a subjetividade e não tem como objetivos a predição, a descrição e o controle. Nenhuma dessas três dimensões, que historicamente estão na base da filosofia dominante na pesquisa psicológica, formam parte do ideal orientado pelo modelo qualitativo da ciência.

A definição de nosso objeto de estudo em termos qualitativos está associada à sua natureza ontológica, que, ao definir-se em termos de sentidos subjetivos e processos de significação, conduz à definição de unidades complexas para seu estudo, qualitativamente diferentes às usadas na epistemologia quantitativa; o que faz com que a possível complementação dessas formas de conhecimento tenha de ser profundamente estudada, pois é uma questão teórica e epistemológica, não metodológica. O problema não é usar um instrumento quantitativo, mas definir o que esse instrumento avalia, e como utilizar essa avaliação no processo geral de construção do conhecimento.

Quando definimos uma configuração depressiva, estamos dando conta de sua qualidade em termos do sujeito concreto deprimido, quando atribuímos valor à depressão no DSM-III ou IV, estamos classificando quantitativamente manifestações externas que são usuais nos deprimidos em nosso meio sociocultural, o que tem pouco poder de informação quanto à constituição subjetiva da depressão, apesar de ter valor para a identificação da entidade.

De fato, as preocupações vinculadas à constituição subjetiva da depressão não foram resultado lógico das pesquisas sobre seu comportamento semiológico, mas resultado da ruptura com aquela forma de pensar. Em relação a isso, resulta de grande interesse a análise de Guidano a respeito dos problemas metodológicos da clínica, quando afirma:

> A ambigüidade básica da atual metodologia clínica (como a exemplifica o DSM-III-R) reside no fato de que (1) é essencialmente não-teórica e (2) meramente descritiva (Faust e Miner, 1979, 1984).
>
> 1) Ao tentarmos nos ater ao princípio empirista da parcimônia (isto é, distanciar-se o menos possível dos "dados"), um enfoque clínico não-teórico alenta a aceitação profissional de uma quase total ignorância sobre a etiologia e os processos psicopatológicos que, de fato, devem constituir os objetivos essenciais de sua pesquisa. Essa ignorância é a expressão de uma eleição metodológica: evitar qualquer pesquisa do problema etiológico (...) Deve ficar claro que a renúncia à compreensão etiológica exclui em termos reais a possibilidade de descobrir a relação eventual entre o comportamento observado e a organização da pessoa que o apresenta (1994:84-85).

Na realidade, nas formas metodológicas tradicionais adotadas pela pesquisa quantitativa nos domínios da psicologia, o comportamento (entendemos o comportamento de modo amplo, que engloba as manifestações humanas que, de forma direta, se identificam por um observador na expressão do sujeito) foi separado de suas formas de organização subjetiva e se apresentou simplesmente como entidade objetiva, cujo sentido para a pesquisa se definia através de relações entre comportamentos ou pelas relações do comportamento estudado com variáveis independentes introduzidas pelo pesquisador.

O estudo dos determinantes qualitativos na psicologia se define pela busca e explicação de processos que não são acessíveis à experiência, os quais existem em inter-relações complexas e dinâmicas que, para serem compreendidas, exigem o seu estudo integral e não sua fragmentação em variáveis. A definição qualitativa dos processos e unidades implicados na constituição subjetiva tem a ver com a compreensão, com freqüência por via indireta e implícita, dos complexos processos das diferentes expressões humanas e que não são isomorfos com estas.

Essa dimensão para o estudo dos processos psíquicos leva, como afirmamos anteriormente, à unidade indissolúvel do metodológico e epistemológico, que se encontra na base da definição da epistemologia qualitativa. Como assinala Rodríguez Sutil:

> Por seu caráter real, enquanto contraposição institucional (não isenta de mal-entendidos e desfoques metodológicos), essa simplificadora diferenciação tecnológica se compreende e articula com freqüência na existência inclusive de dois tipos de pesquisadores sociais ("quantitativistas" *versus* "qualitativistas"). Dicotomia profissional que, por sua vez, suporia dois tipos de formações "técnicas" mais ou menos particularizadas ou contraditórias. Mas essa mesma ênfase na contraposição tecnológica entre métodos qualitativos de análise da realidade social tende em definitivo (ignorando a complexidade de um planejamento metodológico integral) a reduzir a questão a uma divisão acrítica instrumental do trabalho entre técnicas quantitativas e práticas qualitativas como enfoques ou tratamentos alternativos para o estudo de qualquer processo ou problema social (1991:89).

A pesquisa qualitativa não corresponde a uma definição instrumental, é epistemológica e teórica, e apóia-se em processos diferentes de construção de conhecimento, voltados para o estudo de um objeto distinto da pesquisa quantitativa tradicional em psicologia. A pesquisa qualitativa se debruça sobre o conhecimento de um objeto complexo: a subjetividade, cujos elementos estão implicados simultaneamente em diferentes processos constitutivos do todo, os quais mudam em face do contexto em que se expressa o sujeito concreto. A história e o contexto que caracterizam o desenvolvimento do sujeito marcam sua singularidade, que é expressão da riqueza e plasticidade do fenômeno subjetivo.

A definição qualitativa da investigação, do diagnóstico e das práticas psicológicas é uma opção epistemológica, teórica e ideológica diante das práticas quantitativas dominantes em psicologia. Quem só vê a diferença metodológica em geral distingue o qualitativo e o quantitativo no nível das técnicas ou de alguma operação isolada da produção do conhecimento e, com freqüência, se mantém ao mesmo nível epistemológico dos enfoques criticados, como é o caso de alguns pesquisadores qualitativos centrados no momento empírico (Taylor e Bogdan, Glasser e Strauss, Navarro e Díaz, Creswell, entre outros).

# Alguns pressupostos gerais do desenvolvimento da pesquisa qualitativa em psicologia

## O lugar da comunicação na pesquisa qualitativa

A partir da epistemologia adotada, aceitamos a natureza diferenciada do objeto de pesquisa das ciências sociais e humanas, o qual é um sujeito interativo, motivado e intencional, que adota uma posição em face das tarefas que enfrenta. A investigação sobre esse sujeito não pode ignorar essas características gerais; é, entre outras coisas, um processo de comunicação entre pesquisador e pesquisado, um diálogo permanente que toma diferentes formas.
Tamara Dembo escreveu:

> Estudar as condições de comunicação, analisá-la e melhorá-la são as melhores tarefas da pesquisa qualitativa. Qualquer pesquisa em psicologia requer material que é obtido sob certas circunstâncias que afetam o material a ser pesquisado. Mas freqüentemente não são levadas em conta como fonte determinante dos processos qualitativos (...) Não posso enfatizar suficientemente quão importante é o conhecimento dessas circunstâncias, das condições situacionais dos processos de comunicação, para entender o material da pesquisa e especialmente para selecionar o bom material para a pesquisa (40-41).

A autora define o papel das circunstâncias na configuração da qualidade do estudado. Se o homem é interativo, quer dizer que os processos que caracterizam suas relações se constituem em sua expressão subjetiva; isto é, não se pode isolar suas características psicológicas do contexto em que se manifestam. Assim, por exemplo, as provas tradicionais de medição da inteligência colocam de lado o ambiente e o próprio sujeito e, em seu afã por isolar a inteligência como entidade objetiva, contaminam ao máximo o processo avaliado. Isso implica que o número "objetivo", associado com o nível de inteligência do sujeito estudado, seja a expressão de múltiplos fatores subjetivos, sobre os quais o pesquisador não só não tem controle como não tem a menor idéia deles em sua representação conceitual.

No uso psicométrico dos testes de inteligência, esqueceu-se a dimensão subjetiva presente em qualquer expressão do sujeito; portanto, não eram consideradas as emoções envolvidas na realização dos testes, assim como tampouco o efeito sobre o que pretendiam medir. Os testes, com freqüência, eram aplicados a meninos com fracasso escolar, para quem a situação tinha um sentido muito similar ao experimentado nas condições escolares em que viveram o fracasso: os testes eram aplicados em situação solene de realização, tendo como objetivo a avaliação do desempenho do estudante; o que suscitava as mesmas emoções surgidas durante as avaliações escolares em que não houvera êxito. Finalmente, a criança ficava rotulada com uma categoria de deficiência mental, sobre a qual não se podia ter nenhuma certeza mediante o simples uso do teste, e ficava marcada por esse diagnóstico em todos os processos posteriores de sua subjetivação.

De forma similar, esses processos se reproduziam em outras áreas do diagnóstico e da pesquisa psicológica, e se ignoravam o sujeito da função estudada e o contexto em que o estudo se desenvolvia.

Os princípios psicométricos que orientam o uso das técnicas psicológicas, tanto no diagnóstico quanto na pesquisa, pressupõem a neutralidade do pesquisador para não afetar a execução de testes. De fato, a não-participação do pesquisador é uma dimensão de sentido e significação na realização com os sujeitos pesquisados.

Só a presença do pesquisador na situação interativa que toda pesquisa implica representa um elemento de sentido que afeta de múltiplas formas o envolvimento do sujeito estudado com a pesquisa. O sujeito pesquisado é ativo no curso da pesquisa, ele não é simplesmente um reservatório de respostas, prontas a expressar-se diante da pergunta tecnicamente bem-formulada.

O sujeito, na realidade, não responde linearmente às perguntas que lhe são feitas, mas realiza verdadeiras construções implicadas nos diálogos nos quais se expressa. Nesse contexto a pergunta representa apenas um dos elementos de sentido sobre os quais se constitui sua expressão.

As construções do sujeito durante a pesquisa não surgem simplesmente como reação linear e isomorfa ao tipo de indutor utilizado no método, mas integram suas necessidades, assim como os códigos sociais aceitos pelo meio em que vive. Toda construção é um processo complexo, pluridetermirado, que exige a maior perícia do pesquisador para definir indicadores relevantes sobre o que estuda, o que é impossível sem sua implicação ativa, não só com os resultados dos instrumentos, mas com os sistemas de relações que devem ser estabelecidos no andamento da pesquisa.

O sujeito pesquisado não está preparado para expressar em um ato de resposta a riqueza contraditória que experimenta em face dos momentos que vive no desenvolvimento da pesquisa. A resposta, como construção complexa que implique o sujeito, se desenvolve no curso da pesquisa. Os assuntos que recorrem à expressão do sujeito se reproduzem de diferentes formas nas técnicas e momentos de uma pesquisa, e o cenário que facilita esse desenvolvimento é a comunicação entre pesquisador e pesquisado e dos sujeitos pesquisados entre si.

O potencial de uma pergunta não termina em seus limites, mas se desenvolve durante os diálogos que se sucedem na pesquisa. O diálogo não representa só um processo que favorece o bem-estar emocional dos sujeitos que participam na pesquisa, mas é fonte essencial para o pensamento e, portanto, elemento imprescindível para a qualidade da informação produzida na pesquisa.

Toda pesquisa qualitativa deve implicar o desenvolvimento de um diálogo progressivo e organicamente constituído, como uma das fontes principais de produção de informação. No diálogo se criam climas de segurança, tensão intelectual, interesse e confiança, que favorecem níveis de conceituação da experiência que raramente aparecem de forma espontânea na vida cotidiana. Para chegar a esses níveis de produção de informação, necessita-se de maturidade e interesse nos sujeitos estudados, os quais só surgem como resultado da maturidade dos processos de comunicação gerados de forma diversa no desenvolvimento da pesquisa.

A visão tecnocrata e instrumentalista da pesquisa, dominante em psicologia, impediu outorgar pertinência ao pesquisador como comunicador, mas essa é uma de suas funções essenciais na pesquisa qualitativa, definida a partir dos parâmetros epistemológicos adotados neste livro. A qualidade e a complexidade da informação produzida pelos sujeitos pesquisados, condições essenciais para a construção do conhecimento sobre a subjetividade, só são alcançadas pela implicação daqueles nas redes de comunicação desenvolvidas pela pesquisa.

Os instrumentos da pesquisa adquirem um sentido interativo. O instrumento não é importante só pelo que o sujeito responde ou realiza, mas pelas conversações que suscita, pelas expressões do sujeito diante dele, pelas perguntas que formula durante sua execução, pelas características da execução etc. O sentido que um instrumento adquire para o sujeito procede, entre outros fatores, do nível de relações constituídas no momento de aplicação do instrumento e no curso da pesquisa em geral. O clima da pesquisa é um elemento significativo para a implicação dos sujeitos nela.

Essa concepção acerca do lugar da comunicação nas ciências antropossociais ressalta a importância dos momentos informais da pesquisa. A tendência dominante na pesquisa psicológica tradicional menospreza a informação produzida pela pesquisa através de fontes diferentes aos instrumentos definidos no desenho, pois entre os princípios epistemológicos que a sustentam se considera que a única informação válida é a reportada pelos instrumentos validados, confiáveis e padronizados: o valor da pesquisa se define pela qualidade dos instrumentos, como se entre eles existisse uma relação linear.

No marco epistemológico que adotamos, o valor da informação se define, diante de tudo, pelo que significa para o conjunto de informações na pesquisa. A informação que aparece nos momentos informais da pesquisa é tão legítima como a procedente dos instrumentos usados. Isso influencia na definição dos instrumentos de pesquisa e dos processos de construção da informação.

O lugar que outorgamos à comunicação no desenvolvimento metodológico da pesquisa qualitativa leva a atribuir uma posição diferente ao pesquisador e aos sujeitos pesquisados. O pesquisador, além de ser um sujeito participante, posição defendida pelas diferentes modalidades de pesquisa etnográfica, converte-se em sujeito intelectual ativo durante o curso da pesquisa. Não só participa nas relações, mas produz idéias à medida que surgem elementos no cenário da pesquisa, as quais confronta com os sujeitos pesquisados, em um processo que o conduz a novos níveis de produção teórica; esta última acompanha o processo empírico em todo momento e não está limitada à informação produzida pelos instrumentos; ao contrário, o pesquisador a adota como um momento do processo geral de produção de conhecimento.

O pesquisador e suas relações com o sujeito pesquisado são os principais protagonistas da pesquisa, e os instrumentos deixam o lugar de protagonistas. De sua parte, o pesquisado, adquire um papel essencial, no entanto não representa uma entidade objetiva, homogeneizada pelo tipo de resposta que deve dar, mas é reconhecido em sua singularidade como responsável pela qualidade de sua expressão, relacionada com a qualidade de seu vínculo com o pesquisador.

A significação que atribuímos à comunicação rompe o esquema estímulo-resposta, que indiretamente imperou na pesquisa científica, e desloca o centro de atenção dos pesquisadores dos instrumentos para os processos interativo-construtivos que se constituem dinamicamente no curso da pesquisa. O curso da pesquisa, as estratégias empregadas e os instrumentos não constituem definições rígidas *a priori*, mas são definidos pelo curso da informação e pelas necessidades que surgem progressivamente.

O contexto interativo e o tecido relacional da pesquisa determinam o valor da qualidade da informação, o qual só se pode conseguir com o envolvimento e a motivação dos sujeitos estudados. A pesquisa, a partir dessa perspectiva, deixa de ter uma rota crítica fixada *a priori* e se converte em processo interativo que segue os altos e baixos e as irregularidades de toda relação humana. O esforço do pesquisador para manter a tensão produtiva no curso da pesquisa adquire particular significação.

Adquire particular importância a apresentação do pesquisador e da própria pesquisa. Na metodologia positivista tradicional, o pesquisador apresentava a pesquisa por meio de uma "instrução geral", fria e "objetiva", cujo propósito era informar aos sujeitos que participariam da pesquisa e demandar deles uma posição cooperadora para o projeto. Esse tipo de pesquisa não se preocupava com o envolvimento e o compromisso dos sujeitos pesquisados.

Na pesquisa qualitativa, a introdução ao tema é feita de um diálogo do pesquisador com os sujeitos que participarão da pesquisa; o pesquisador propõe temas de interesse para eles e tenta fazer com que participem, se motivem e gerem uma atmosfera de reflexão sobre as questões tratadas. O interesse do pesquisador e suas preocupações surgem naturalmente dentro da conversação com o grupo, o que de fato se converte no primeiro momento da pesquisa.

Da forma como costumamos trabalhar, damos a maior informação possível aos sujeitos e solicitamos sua boa vontade para cooperar com o trabalho. Essa primeira sessão de trabalho caracteriza de maneira geral a forma como serão desenvolvidas as diferentes sessões, que, tanto no estudo de casos individuais como nas dinâmicas grupais, sempre começam com intercâmbios informais e relaxados, que favorecem a disposição dos participantes para expressar reflexões e problemas a serem utilizados para estimular construções cada vez mais profundas dos sujeitos estudados. No caso de não surgirem temas da parte deles, o diálogo facilita ao pesquisador o intercâmbio de idéias com os sujeitos.

Os diálogos e as reflexões que se sucedem desde o primeiro dia são elementos essenciais para o desenvolvimento da identificação dos sujeitos com a pesquisa, o qual os leva a tomar iniciativas não contempladas pelo próprio pesquisador. Assim, por exemplo, em uma pesquisa que realizamos com universitários cubanos para conhecer seus valores sobre a situação do país, diante de um questionário aberto com perguntas muito comprometedoras, os jovens não adotaram a opção que lhes demos para responder de forma anônima, mas escreveram seus nomes na maioria das vezes e, inclusive, alguns expressaram sua disposição de continuar a conversa.

Esse tipo de pesquisa, que se apóia na participação e no compromisso crescente de quem participa nela, há de ter um sentido para os participantes, sem o qual é pouco provável que se produza o tipo de informação de que necessitamos.

## O lugar do teórico e do empírico no desenvolvimento da pesquisa qualitativa

Uma das características epistemológicas que atribuímos à pesquisa qualitativa é a sua natureza teórica; o que não implica um divórcio com o empírico, mas se assinala como via de produção de conhecimento em que o lugar da teoria é momento central. Esse lugar da teoria não se define por seu uso como marco supra-individual rígido, que se opõe a novas idéias e conceitos empíricos, mas se entende como teoria articulada e conduzida ativamente pelo pesquisador, que representa um momento vivo por meio de sua produção intelectual.

Não consideramos a teoria como um corpo rígido e, *a priori*, adotado de forma confortável pelo pesquisador e imposto às mais diversas formas do real. A teoria é uma construção sistemática, confrontada constantemente com a multiplicidade de idéias geradas por quem as compartilha e quem se opõe a elas, do que resulta um conjunto de alternativas que se expressam na pesquisa científica e que seguem diferentes zonas de sentido sobre a realidade estudada. Nenhuma teoria pode ser considerada resultado final, capaz de dar conta em termos absolutos do estudado, pelo qual as categorias que apresentamos não podem ser reificadas.

As categorias são instrumentos do pensamento que expressam não só um momento do objeto estudado, mas o contexto histórico-cultural em que esse momento surge como significado e, com ele, a história do pesquisador, que é elemento relevante na explicação de sua sensibilidade criativa. Como processo pluridetermidado, a teoria alcança uma forma singular de expressão nas ciências antropossociais, pelo fato de que o objeto é de idêntica natureza à do pesquisador, que produz pensamento não só a partir de sua posição diante do outro, mas também a partir de sua posição diante de si mesmo.

Um dos melhores exemplos da conjunção de fatores assinalados é a teoria psicanalítica de Freud. Ele se confrontou com um problema concreto dentro do quadro epistemológico da época: a histeria de conversão, diante da qual se colocou em uma posição diferente daquela que caracterizava o tratamento do problema pela medicina, e incorporou a dimensão psíquica em seu diagnóstico e tratamento. Orientou-se por uma teoria psicológica comprometida com o naturalismo e o biológico dominantes na época, mas, ao mesmo tempo, colocou esses determinantes biológicos em uma relação inusitada com o comportamento humano, o que implicou não só que poderia enfrentar com sucesso o problema instalado em um plano terapêutico, mas que produziria uma considerável extensão nas zonas de sentido comprometidas com as ciências da época.

Por outro lado, na construção de Freud o sexo ocupa um lugar central, de acordo com a constituição subjetiva do homem da época nas classes que tinham acesso ao tratamento psicanalítico; mas Freud nunca chegou a compreender que esse lugar representava um sentido subjetivo determinado pela constituição da sexualidade dentro daquela época histórica e que não era um lugar definido pela natureza humana. Nesse contexto, a produção freudiana é mediada por suas vivências subjetivas, incorporadas como elemento de sentido à sua produção teórica, processo totalmente inconsciente que só é referido por Freud, ocasionalmente, em certas passagens de suas cartas a Fliess, por exemplo. A forma como se produziu e desenvolveu a psicanálise é um bom exemplo do lugar da teoria na produção do conhecimento e da forma como avança através da multiplicidade de determinantes que colocam esse processo muito além da relação direta entre sujeito e objeto.

A teoria, como produção orgânica do pensamento, gera suas necessidades, que conduzem a categorias e construções que têm sentido só em relação ao corpo teórico em seu conjunto. A relação dessas categorias e construções com o objeto é só indireta; no entanto, é condição para o avanço da teoria em direção a novas zonas de sentido sobre a realidade estudada. Todo avanço significativo no estudo de uma qualidade do problema se realiza por meio de novos momentos no desenvolvimento teórico.

A teoria é condição para dar sentido a fenômenos inacessíveis de forma direta ao pesquisador. Os fenômenos complexos, entre eles a subjetividade, só aparecem como objetos de estudo da ciência graças ao desenvolvimento teórico. Portanto, consideramos inadequadas qualquer forma de relação direta entre os "dados", categorias de profunda conotação empirista, e a teoria, sobretudo porque, como afirmamos anteriormente, a teoria responde a uma multiplicidade de fatores definidos pelo fato de se tratar de uma produção subjetiva humana.

Em contraste com o uso que muitos lhe dão, a teoria representa um processo vivo, em desenvolvimento e construção. Não representa um marco acabado, *a priori*, e estático, em relação ao qual têm de adquirir sentido de forma direta as mais diferentes informações procedentes do momento empírico. Quando a teoria se aplica como marco invariável, converte-se em doutrina que conduz à dogmatização de seus princípios, o que tem sido um fenômeno generalizado nas ciências sociais e humanas.

A construção a partir da informação produzida no momento empírico, em termos de um marco teórico, é um processo complexo e irregular que passa por diferentes momentos antes que a informação em questão adquira toda a sua importância para a produção científica. Quando nos referimos à construção procedente da informação do momento empírico, não nos referimos simplesmente ao acúmulo de dados produzidos nessa instância, mas às idéias, conceitos e construções que se integram de forma indissolúvel dentro da produção de informação empírica, o que faz com que trabalhemos mais com indicadores que com dados compreendidos como entidades objetivas provenientes do objeto. Voltaremos a essa distinção no capítulo dedicado à construção de informação.

Dentro do paradigma qualitativo a questão da produção teórica no nível empírico tem sido objeto de atenção e, de forma particular, tem se expressado através do desenvolvimento do termo teoria fundamental ou *grounded theory*, a qual foi apresentada por Glasser e Strauss em 1967 como preocupação pelos processos de construção de informação. Com ela se tentava superar a orientação dominante de centrar o desenvolvimento da pesquisa qualitativa nos métodos. A esse respeito, Strauss escreveu:

> Em contraste (o autor se refere ao rigor nos procedimentos de coleta e tratamento de dados na pesquisa quantitativa), a atenção dos pesquisadores qualitativos se volta todavia ao melhoramento e desenvolvimento das técnicas de acúmulo de dados; as considerações analíticas são, no melhor dos casos, secundárias e, como tais, são transmitidas em um processo de aprendizagem, de forma tácita mais que explícita (1987:5).

Glasser e Strauss definiram a *grounded theory* em sua relação inseparável com os dados, o que os levou a uma redução empirista do papel da teoria na pesquisa. Ao evitar o tipo de teoria apriorística e especulativa, os autores estabeleceram a teoria fundamental como a que se devia desenvolver com a coleta de dados e atribuíram grande importância à verificação da primeira, traço distintivo do empirismo.

Os autores enfatizam a necessidade de que sejam produzidas categorias dentro do campo de estudo, o que consideramos essencial; mas reconhecer essa realidade não pode conduzir-nos a ignorar o lugar antecipador e central da teoria para a pesquisa científica e, muito menos, a pensar que as teorias, para ser legítimas, precisam ser verificadas no momento empírico, questão que esses pesquisadores reiteram. Quanto a esse aspecto, escreveram:

> Nosso enfoque da análise qualitativa dos dados é chamado teoria fundamental por sua ênfase na geração de teoria a partir dos dados sobre os quais esta se fundamenta (1987:22).

Glasser e Strauss sustentam a teoria dos dados produzidos no processo de pesquisa, ignorando sua relativa independência, assim como as múltiplas formas em que se podem relacionar esses dois momentos no curso da produção do conhecimento.

Tem-se dado pouca atenção ao processo de construção do conhecimento no momento empírico, pois este último foi identificado como coleta de dados, enquanto a ação do pesquisador sobre os dados, que na pesquisa empírica tradicional tampouco é um trabalho teórico, se localiza na fase de interpretação de resultados. Na nossa concepção, não estabelecemos uma diferenciação rígida entre teoria e momento empírico, pois não definimos este nem pelo tipo de conteúdo nem pelo tipo de operações, mas como um cenário particular do processo de produção do conhecimento no qual convergem as operações e conteúdos que acompanham esse processo.

O momento empírico é fonte de novos fenômenos que, com freqüência, conduzem a contradições com as formulações de que dispõe o pesquisador para conceituá-los. Essas contradições favorecem o desenvolvimento da teoria, pois a confrontação leva o pesquisador a postular categorias e suposições enriquecedoras daquela. Essa tem sido uma das razões que nos têm levado, em publicações anteriores,[1] a con-

---
1. *Problemas epistemológicos de la psicología*, 1996.

siderar o momento empírico mais como momento de confrontação e desenvolvimento da teoria que como momento de verificação, conceito que se utilizou na pesquisa positivista tradicional para legitimar suas afirmações.

De maneira geral, as teorias são reificadas pelos pesquisadores, que as adotam como cenário ideal para acomodar todos os seus achados, empobrecendo estes e, simultaneamente, enfraquecendo a teoria ao mantê-la invariável muito além de suas possibilidades heurísticas reais. Na nossa compreensão da relação entre a teoria e o pesquisador, vemos este último como o sujeito concreto da construção teórica, aquele que desenvolve suas idéias dentro do marco de uma teoria concreta e, por sua vez, conserva uma margem aberta a discrepâncias e zonas de contradição entre seus pensamentos e a teoria, o que se converte em fonte de desenvolvimento para ambos.

O sociólogo espanhol J. Ibáñez descreve com muita clareza o papel do pesquisador como sujeito pensante e produtivo quando escreve:

> Portanto, o problema não é que se utilizem palavras ou números (evidentemente com números não se pode interpretar e com palavras não se pode descrever com precisão), mas que o pesquisador pense ou não pense sobre o que faz: o que reflete sobre a sua ação pesquisadora se aproxima da segunda ordem, e o que não o faz se aproxima da primeira ordem (aqui o autor se refere ao quantitativo e ao qualitativo como primeira e segunda ordem, respectivamente) (1994:xviii).

Essa definição, que nos parece profundamente sugestiva e interessante, associa o qualitativo com a produção de pensamento, mais que com o uso exclusivo do número ou da palavra. Trata-se de um critério semelhante ao usado por nós quando transferimos a controvérsia entre o quantitativo e o qualitativo do campo metodológico para o campo epistemológico.

Na nossa cultura em geral, e na acadêmica em particular, nunca se estimulou o desenvolvimento do pensamento, mas se generalizou o conceito de que a pesquisa é uma via de desenvolvimento de dados que atuam como legitimadores das idéias; o que não só tem conseqüências metodológicas e científicas, mas ideológicas e político-sociais. As idéias têm um poder subversivo voltado para a mudança e o novo, que em geral não tem sido tolerado na história da humanidade por nenhum sistema estabelecido no poder político, o que explica a interessante coincidência ideológica entre o positivismo dominante nas instituições que dirigem a pesquisa nos modelos neoliberais e as instâncias de mediação que regulam a pesquisa nos países socialistas. A toda idéia se exigem os dados que a sustentam, o que substitui o valor da idéia pelo valor do dado, embora na realidade todas as formas de direção política se legitimem sem dúvida nas idéias de quem as dirige.

A teoria é uma realidade em si mesma, representa um sistema orgânico, produzido e desenvolvido constantemente pelo pensamento humano por meio do qual se geram necessidades que representam fontes de tensão permanentes para o pesquisador. A teoria não representa uma dimensão supra-individual capaz de tornar algo sagrado, mas uma ferramenta do pensamento a ser questionada, o que por sua vez conduz a novas idéias.

O pesquisador produz as idéias sobre as quais se desenvolve a teoria. Sob esse aspecto, a pesquisa representa um processo de tensão intelectual permanente. As idéias surgem em qualquer momento da vida do pesquisador, não só quando ele está no campo da pesquisa.

A produção empírica constitui um dos momentos comprometidos com o desenvolvimento de uma teoria; no entanto, essa relação não é direta: está implícita em uma complexa trama de fatores. As teorias não são dominantes simplesmente por seu valor heurístico em relação à realidade; são fontes permanentes de idéias que, por sua vez, permitem a organização e extensão do pensamento em relação a um espaço da realidade. As teorias, por outro lado, representam uma memória do pensamento que permite a diferentes gerações manter a continuidade no conhecimento de determinado espaço do real. Isso define o caráter histórico da teoria, assim como sua condição de processo em desenvolvimento.

O momento empírico não pode ser considerado por sua relação direta e imediata com o momento teórico. A relação entre o empírico e o teórico é implícita, indireta, mediata e, com freqüência, contraditória. No momento empírico se produzem categorias e se elaboram questões que mantêm independência relativa com o marco teórico geral, questões essas que só gradualmente aparecem nos termos da teoria geral, com freqüência, como extensão daquela; mas que podem converter-se em elementos que entrem em contradição com alguns de seus pressupostos gerais.

Com freqüência vemos pesquisadores que, em seu esforço para conceituar o universo de informação empírica nos marcos das categorias mais gerais da teoria, perdem grande quantidade de informação sobre o estudado. Muito da informação que se produz em uma pesquisa é inesperada e teria de ser categorizada em termos diferentes daqueles que sustentam a expressão explícita da teoria.

A idéia de verificação conduziu a uma representação em que os momentos teórico e empírico mantinham uma relação direta e linear, o que levou a compreender ambas as instâncias de forma estática e terminada, em que uma suposição ou afirmação teórica poderia adquirir universalidade por sua verificação em um resultado empírico concreto. Na nossa opinião, a significação do empírico no nível teórico resulta de uma cuidadosa e ampla elaboração das idéias e fatos procedentes do empírico, ou seja, resulta de um processo de construção teórica.

O cenário em que tem lugar a produção teórica da ciência é o da construção teórica. Sobre isso, o destacado físico W. Heisenberg afirmou:

> ...o objeto de conhecimento científico jamais é conhecido diretamente pela observação, isto é, pela experimentação; mas sim pela construção teórica (ou postulado axiomático), especulativamente proposta e avaliada indireta e experimentalmente pelas conseqüências deduzidas daquela construção (1995:12).

Em geral, nenhum resultado imediato do empírico pode converter-se em elemento de verificação de um postulado teórico, pois o teórico nunca se verifica de forma imediata na aparência das evidências empíricas.

## Características gerais da produção do conhecimento na pesquisa qualitativa

Consideramos que não existe acordo entre os pesquisadores dedicados à pesquisa qualitativa, em relação às características gerais da produção do conhecimento nela. Todavia se expressa com força a idéia de etapas diferenciadas do processo de pesquisa qualitativa, sobretudo em relação à coleta de dados e seu processamento (Quinn Patton, Navarro e Díaz, Glasser e Strauss e outros). No entanto, outras vozes se levantam no sentido contrário; assim, por exemplo, Bechhofer escreve:

> O processo de pesquisa, então, não representa uma clara seqüência de procedimentos fragmentados que seguem um padrão, mas uma desordenada e complexa interação entre os mundos conceitual e empírico, em que a dedução e a indução ocorrem a um mesmo tempo (1974:73).

Considerar a relação entre o teórico e o empírico da forma como a apresentamos na citação anterior nos leva a compartilhar a visão geral apresentada por Bechhofer acerca do processo de produção de conhecimentos na pesquisa qualitativa. Pensamos que esse processo envolve o pesquisador de forma simultânea no curso dos acontecimentos pesquisados, nos quais participa com suas idéias e diversos caminhos, inclusive devido a suas preferências e estilo pessoal.

Um número importante de autores qualitativos (Taylor e Bogdan, Quinn Patton, Guba e Lincoln, Glasser e Strauss e outros) continua a tradição empirista de identificar o cenário da produção do conhecimento com o empírico. A esse respeito, por exemplo, Quinn Patton escreve:

Os métodos qualitativos voltam-se à exploração, ao descobrimento e à lógica indutiva. Uma aproximação avaliativa é indutiva porque o pesquisador tenta dar sentido à situação sem impor expectativas preexistentes sobre o fenômeno estudado (...) Os pesquisadores qualitativos tentam entender as múltiplas inter-relações entre as dimensões que emergem dos dados sem fazer uma afirmação *a priori* ou hipóteses específicas sobre as relações lineares ou correlacionais entre variáveis estritamente definidas (1990:44).

Criticando a imposição rígida de um modelo estático sobre o empirismo, Quinn Patton apresenta uma visão muito generalizada entre os pesquisadores qualitativos, que leva a uma solução igualmente empirista do problema ao se pensar que o pesquisador é soberano no campo da pesquisa se é capaz de respeitar a "linguagem dos dados", embora, na realidade, as evidências dos fenômenos complexos não apareçam de forma direta para a observação sem a mediação de um sistema teórico complexo.

Contudo, tanto a indução como a dedução, como temos assinalado em publicações anteriores (1993, 1997), representam processos lineares e regulares de produção de informação; o primeiro apoiado em uma base empírica, e o segundo em uma base lógica, que é também empírica quando se submete ao princípio da verificação, característico do modelo hipotético-dedutivo. Na realidade, a produção de conhecimentos resulta de uma complexa combinação de processos de produção teórica e empírica que convergem no pesquisador, que, como sujeito da pesquisa, não segue de forma rígida e linear nenhuma das duas vias.

Em trabalhos anteriores (1997) definimos um procedimento configurado na produção de conhecimento, ao qual atribuímos caráter pluridetermindo, irregular e contraditório. Esse processo é dirigido pelo pesquisador, que no complexo universo de informação produzida ramifica o curso de suas idéias em distintos eixos de pesquisa. Isso, que temos chamado lógica configurada, envolve o pesquisador em um processo constante de produção de idéias e reflexões, que não podem ser organizadas por nenhum critério externo a seu pensamento.

A indução e a dedução respondem a um conceito positivista e estão comprometidas com a atitude passiva do pesquisador, cuja complexidade e criatividade se subordinam e se restringem a regras fixas derivadas do empírico e do jogo lógico de proposições, embora a riqueza da produção do conhecimento transcenda toda tentativa de restrição e regularidade imposta de fora.

P. Feyerabend, infatigável lutador contra o conceito dominante relativo aos fundamentos racionalistas e empiristas da ciência, escreveu:

> Desde já, é possível simplificar o meio em que trabalha um cientista simplificando seus principais atores. A história da ciência, depois de tudo, não se constitui de fatos e de conclusões derivadas dos fatos. Contém também idéias, interpretações de fatos, problemas criados por interpretações conflituosas, erros, etc. Em uma análise mais minuciosa se descobre que a ciência não conhece "fatos desnudos" em absoluto, mas que os "fatos" que nosso conhecimento registra estão já interpretados de alguma forma e são, portanto, essencialmente teóricos. Sendo assim, a história da ciência será tão complexa, caótica e cheia de erros como as idéias que contém e, por sua vez, essas idéias serão tão complexas, caóticas, cheias de erros e divertidas como as mentes de quem as inventou (1993:3).

A humanização da ciência de que tanto falam os autores do paradigma qualitativo implica, na nossa opinião, incluir o homem e seus processos na definição da qualidade do conhecimento, que é precisamente para onde se dirige Feyerabend por meio de seu estilo provocador e sugestivo. Os processos de indução e dedução se mantêm dentro de uma concepção despersonalizada do conhecimento, em que o empirismo ou a lógica substituem o sujeito real desse processo.

A pesquisa qualitativa, como já sustentamos na citação anterior, se diferencia da quantitativa por estar orientada à produção de idéias, ao desenvolvimento da teoria, e nela o essencial é a produção de pensamento, não o conjunto de dados sobre os quais se buscam significados de forma despersonalizada na estatística.

A tendência que se observa nos pesquisadores qualitativos de não deixar-se prender em marcos rígidos que estabeleçam *a priori* o resultado, e convertam assim a pesquisa à recriação empírica do conhecido, não deve levar-nos a identificar a teoria com esses moldes usados no modelo hipotético-dedutivo, de cuja rigidez e caráter apriorístico é mais responsável o empirismo que uma visão teórica da ciência.

Como definimos, a teoria não pode converter-se em uma camisa-de-força; ao contrário, as categorias gerais são resultado de conceituações produzidas em um nível teórico que não é acessível às evidências empíricas imediatas.

Uma das causas que conduzem à especulação é a tentativa de dar significação a fenômenos empíricos complexos nas categorias gerais da teoria, o que implica ignorar a singularidade do estudado e produzir generalizações artificiais que o empobrecem e distorcem. Nenhuma teoria esgota o estudado em seu nível singular; portanto, o sujeito é sempre um rico interlocutor de qualquer teoria, e sua pesquisa reportará sempre elementos novos e desafiantes para aquela.

Um dos aspectos que caracterizam a produção de conhecimento na pesquisa qualitativa é a atenção ao caráter singular do estudado, que se expressa na legitimidade atribuída ao estudo de casos. Na pesquisa quantitativa tradicional, em contraste, a singularidade é eliminada da rede de categorias padronizadas que orientam a produção de conhecimentos, pois só tem o *status* estatístico do não-significativo.

Gordon Allport foi particularmente crítico com os procedimentos padronizados da pesquisa psicológica tradicional que ignoravam o singular, sobre o qual escreveu:

> Por que não começar no comportamento individual, como fonte de conjeturas (como temos feito no passado), e logo buscar as generalizações (também como temos feito no passado), para retornar por fim ao indivíduo, não para a aplicação mecânica de leis (como

fazemos agora), mas para uma avaliação mais completa e suplementar do quanto podemos dar até aqui?

Nessa citação, Allport não só expressa a necessidade de reconhecer a individualidade na produção de conhecimentos psicológicos, mas destaca também o jogo de conjeturas e reflexões constantes que implica o acompanhamento diferenciado dos indivíduos na pesquisa psicológica, em que a generalização não aparece como momento acabado, mas como "momento de uma avaliação mais completa e suplementar do quanto podemos dar até aqui".

Na nossa opinião, a construção de conhecimento na pesquisa qualitativa é um processo diferenciado que avança por rotas e níveis diferentes sobre o estudado, que encontram seu ponto de convergência no pensamento do pesquisador. O curso da pesquisa qualitativa pressupõe o estudo de casos não como via de obtenção de informação complementar, mas como momento essencial na produção de conhecimento. Constitui um processo irregular e diferenciado que se ramifica à medida que o objeto se expressa em toda a sua riqueza.

As características desse tipo de construção de conhecimento levam a uma representação diferente dos momentos comprometidos com o desenvolvimento da pesquisa, assim como do projeto de sua realização. Analisaremos algumas questões comprometidas historicamente com o desenho da pesquisa científica e a forma como as compreendemos na pesquisa qualitativa.

## A definição do problema de pesquisa

Tradicionalmente, o momento inicial de uma pesquisa se define pelo esboço do problema. Na pesquisa positivista tradicional, seja do tipo correlacional ou de manipulação, o problema aparece como uma entidade estática, fixa e *a priori*, que orienta o restante das operações do planejamento de pesquisa. O problema, por definição, tem de ser concreto, pois sua consecução facilita a definição das hipóteses que serão estudadas. Com freqüência se escuta no mundo acadêmico a queixa do professor, em relação ao aluno, de que a formulação do problema é muito ampla.

A definição do problema aponta algumas das limitações gerais dessa metodologia, entre as quais podemos assinalar as seguintes:

*Simplificação do objeto de estudo.* Toda metodologia inspirada no positivismo expressa essa tendência. O problema deve ser concreto para que se possam determinar as variáveis que serão objeto de operação e suscetíveis de correlações estatísticas ou que permitirão a repetição do experimento em situações similares.

*Caráter invariável e apriorístico do problema.* O problema se define *a priori*, e toda a pesquisa é dirigida à comprovação dessas hipóteses derivadas dele. Esse caráter determina todos os momentos da pesquisa psicológica quantitativa e experimental sobre a base do positivismo.

Em nossa apreciação, o problema não representa uma entidade concreta coisificada, mas um momento na reflexão do pesquisador, que lhe permite identificar o que deseja pesquisar e que pode aparecer em uma primeira aproximação de forma difusa e pouco estruturada. O problema no tipo de pesquisa qualitativa que defendemos não necessita ser definido perfeitamente no momento inicial da pesquisa, pois dele não dependem diretamente os outros momentos daquela; só representa um primeiro momento na concepção do que se deseja pesquisar; portanto, mais que uma construção acabada do problema, representa uma construção em processo, que se irá desenvolver em direção de novas e diversas formas. O problema não representa necessariamente uma pergunta a ser respondida ao final da pesquisa, como ocorre no caso da pesquisa quantitativa, em que os resultados adquirem o valor de produtos finais.

A pesquisa qualitativa é um processo permanente de produção de conhecimento, em que os resultados são momentos parciais que se integram constantemente com novas perguntas e abrem novos caminhos à produção de conhecimento. Cada resultado está imerso em um campo infinito de relações e processos que o afetam, nos quais o problema inicial se multiplica em infinitos eixos de continuidade da pesquisa. Diferentemente do que ocorre na pesquisa quantitativa, na pesquisa qualitativa o problema se faz cada vez mais complexo e conduz a zonas de sentido do estudado imprevisíveis no começo da pesquisa.

Muitos dos processos constitutivos do problema estudado só aparecem no curso da pesquisa, pois são totalmente inacessíveis à representação do pesquisador no início do trabalho. Sob esse aspecto, a pesquisa qualitativa é valiosa não só pelo conhecimento que produz sobre o estudado, mas também pelas novas zonas de sentido que permite descobrir em relação ao objeto de estudo.

Quando falamos da definição do problema como primeiro momento do projeto de pesquisa, não ignoramos o lugar da revisão bibliográfica, antes vemos a definição do problema em estreita relação com a atividade concreta do pesquisador, que pode pertencer a uma área da vida profissional, e não necessariamente ser um acadêmico ou pesquisador profissional que tem a reflexão comprometida com suas diferentes leituras.

A revisão bibliográfica não é um momento formal, destinado a enfeitar o primeiro capítulo das teses de graduação; representa um momento essencial na produção das idéias que terão expressão progressiva no curso da pesquisa. Ao conceber a pesquisa orientada para a produção de conhecimento, e não de dados, essas idéias começam seu complexo e contraditório curso no momento da definição do problema.

## Os outros momentos do processo de pesquisa

A pesquisa qualitativa não exige a definição de hipóteses formais, pois não se destina a provar nem a verificar, mas a construir, e não requer a explicitação do que vai ser provado, pois freqüentemente isso não se conhece no começo. Quando afirmamos que ela não se destina a provar nem a verificar, não quisemos dizer que em seu curso não se verifiquem e provem determinadas coisas, mas que esses objetivos aparecem como momentos do processo de pesquisa, e não representam momentos analíticos estabelecidos como o fim da pesquisa.

As hipóteses são momentos do pensamento do pesquisador comprometidos com o curso da pesquisa, as quais estão em constante desenvolvimento. As hipóteses não têm uma definição funcional na pesquisa qualitativa; só se sucedem umas às outras como momentos do processo de construção teórica, fora do qual não têm nenhum sentido.

Um dos princípios constitutivos da hipótese na pesquisa quantitativa tradicional é seu caráter operacional, que consiste em implicar as operações de medição e observação com os conceitos e categorias para que estes sejam suscetíveis de quantificação e, portanto, dos subseqüentes momentos de verificação. Como assinala Tolman, seguindo uma reflexão de Holzkamp:

> Quando esse conceito é operacionalizado (o autor se refere às tentativas de operacionalização do conceito psicanalítico de repressão)... é certamente mais acessível à verificação empírica e experimental (pode ser provado inclusive em ratos); mas "isso coloca o conceito fora do contexto experimental subjetivo-intersubjetivo e então subtrai totalmente o conceito de seu sentido e função" (Holzkamp, 1991b:92) (1994:64).

Reduzir o conceito a um conjunto de atributos "objetiváveis" o faz perder seu sentido dinâmico como momento de uma totalidade complexa, impossível de ser "desarmada" para ser compreendida. A única maneira de trabalhar com o conceito dentro do marco complexo em que se define é não simplificar esse marco em termos de variáveis e "captá-lo" em sua complexidade real na construção teórica.

Uma vez que o problema foi definido, pensa-se em alguns instrumentos que seriam facilitadores da expressão mais completa do sujeito, os quais acompanham a estratégia interativa planejada para o desenvolvimento do projeto. O curso da pesquisa não está separado nas etapas clássicas de coleta e análise dos dados. Em primeiro lugar, estabelecemos uma diferença, como já afirmamos, entre a forma tradicional em que se utilizou o conceito de dado na pesquisa quantitativa, ou seja, como entidade objetiva, portadora de um valor em si que, de forma direta, se considera um elemento do objeto estudado, e o que temos chamado indicadores, em que a informação do objeto está integrada de forma inseparável ao sentido subjetivo da produção teórica do pesquisador.

Na perspectiva quantitativa os dados aparecem de forma fria e impessoal, pela simples ação instrumental do pesquisador sobre o sujeito estudado. Isso empobrece a qualidade da informação e com freqüência conduz a uma distorção do valor daquela. Como afirmou Kincheloe:

> Os dados empíricos originados de qualquer estudo não podem ser tratados como fatos simples e irrefutáveis. Representam suposições ocultas que o pesquisador deve descobrir e expressar (1994:144).

O mesmo Cronbach, que tem sido uma das mais importantes personalidades da pesquisa sobre os testes psicológicos dentro do conceito tradicional da pesquisa científica, em artigo profundamente crítico e questionador sobre essa perspectiva, escreveu:

> Um observador que recolhe dados em uma situação determinada se acha em condições de avaliar uma prática ou uma proposição nesse cenário, observando os efeitos em seu contexto. Ao tentar descrever e explicar o que acontece, prestará atenção às condições incontroláveis, às características pessoais e aos acontecimentos ocorridos durante o tratamento e a medição (...) À medida que os resultados se acumulam, o pesquisador que queira compreendê-los faz tudo o que puder para averiguar como os fatores não-controlados podem causar desvios locais do efeito dominante. Ou seja, a generalização vem depois e a exceção é levada tão a sério quanto a regra (1997:27).

Cronbach destaca o papel do contexto e das situações não-controladas sobre a significação do conhecimento, fatores que haviam sido ignorados pelos modelos quantitativos dominantes, para os quais só eram válidas as informações coletadas pelos instrumentos. Ao tomar a exceção tão a sério como a regra, o autor legitima o valor da singularidade e, ao mesmo tempo, o *status* de processo que tem a produção do conhecimento, em que o pesquisador se envolve constantemente para dar conta dos elementos não-controlados do contexto.

A separação que se estabeleceu entre as etapas de coleta de dados e a interpretação da informação obedece em grande medida ao caráter despersonalizado, "objetivo", instrumental e frio atribuído à coleta de dados na pesquisa tradicional. Colocamos a palavra *objetivo* entre aspas porque, ao se perseguir a objetividade dos dados, tem se sacrificado a "objetividade" do estudado, termo que não gostamos de empregar por suas conotações na pesquisa positivista tradicional, mas que é preciso empregar uma vez que o problema estudado está presente na construção teórica resultante da pesquisa. A objetividade artificial imposta à coleta de dados só oculta aspectos do estudado que não podem expressar-se por essa via, com o que se contribui para uma imagem "irreal" do objeto.

O papel ativo do pesquisador determina que a produção de idéias represente um *continuum* que atravessa todos os momentos do desenvolvimento da pesquisa, o qual torna impossível separá-la em uma fase de provisão e outra de interpretação de dados. Se esses momentos estivessem separados, se perderia grande quantidade de elementos não-controlados que não aparecem simplesmente em forma de registros objetivos, mas nas idéias e construções que o pesquisador produz ao estudá-los.

As idéias, as reflexões e os intercâmbios casuais durante a pesquisa contribuem na atribuição de sentido feita pelo pesquisador aos fragmentos de informação procedentes dos instrumentos utilizados. É por isso que enfatizamos a significação das informações informais e indiretas no processo de construção de conhecimento.

As etapas de coleta e análise de informação aparecem na pesquisa qualitativa como um *continuum* em que se interpenetram, o que por sua vez gera a necessidade de buscar mais informação e de usar novos instrumentos. A linha condutora que une ambos os momentos é a produção teórica do pesquisador.

O significado da informação não surge como produto de uma seqüência de dados, mas como resultado de sua integração no processo de pensamento que acompanha a pesquisa, que é, essencialmente, um processo de produção teórica. A atenção do pesquisador dirigida a qualquer aspecto do campo de trabalho pressupõe não considerar as informações por sua procedência, mas centrar-se no significado que têm em relação ao processo de produção do conhecimento como um todo.

## A definição dos instrumentos de pesquisa

Ainda que cronologicamente a definição dos instrumentos se associe à definição do problema, decidimos examiná-la aqui, porque, como temos afirmado em relação aos outros momentos, todos acompanham a pesquisa, nenhum se define de forma estática, mas em movimento permanente respondendo às necessidades que a pesquisa gera.

Dentro da tradição empirista e positivista da pesquisa psicológica, o uso dos instrumentos se converteu em um fim em si mesmo dada a capacidade atribuída a eles para produzir resultados "finais", suscetíveis de serem utilizados como entidades objetivas no processamento estatístico da análise. A idéia da objetividade do conhecimento se associou estreitamente ao uso de instrumentos validados, confiáveis e generalizados, o que conduziu ao caráter instrumental da pesquisa positivista; assim, a legitimidade da informação depende de sua procedência instrumental.

A maior parte dos instrumentos psicométricos, sobretudo os chamados testes objetivos, se apóia nas respostas do sujeito para obter conclusões em termos psicológicos. Isso introduz uma grande contradição, pois o sujeito responde às perguntas estruturadas, no melhor dos casos, por meio de sua representação sobre o que se lhe pergunta, a qual não expressa necessariamente os aspectos mais relevantes para o estudo da constituição subjetiva do fenômeno pesquisado, pois este, com freqüência, não é acessível à mencionada representação.

Relacionado ao anterior está o fenômeno que alguns pesquisadores denominaram "reatividade" (Webb, Campbell, Schwartz e Sechrest, 1966), que consiste no erro do sujeito que responde, com o qual querem enfatizar que as dificuldades relacionadas à validade dos instrumentos psicológicos não dependem só de sua construção, mas da própria natureza do sujeito que responde a eles. Lincoln e Guba escrevem:

> O simples conhecimento, por parte do sujeito, de que está envolvido em um estudo é suficiente para alterar, de forma significativa e certamente em um nível desconhecido, sua resposta diante do pesquisador (1985:95).

Esse efeito, que os autores denominam reatividade, não é mais que a condição subjetiva do sujeito diante de uma situação de estudo. Em psicologia estudamos um sujeito concreto, que, diante de cada uma das opções colocadas pela pesquisa à sua frente, tem um conjunto de respostas possíveis, entre as quais elaborará só algumas como opção para a pesquisa. Esse lado humano da expressão do sujeito em face da pesquisa é impossível de ser "controlado" como uma variável a mais, e sua consideração deve dar lugar a transformações metodológicas profundas.

Por outro lado, esse tipo de instrumento, que permite ao sujeito identificar por meio da pergunta o desejo social da resposta, conduz muitos à busca da aceitação, mais que à expressão do que realmente sentem. Essas tentativas de falsificação são singulares, e é impossível identificá-las com o instrumento, o que conduz a distorções sobre o que se pretende avaliar.

Outro grande limitante desses instrumentos é que eliminam a atenção aos processos de construção do sujeito, que são fonte de informação para qualquer problema a ser estudado. O importante não é simplesmente o que o sujeito diz, mas como o diz. Em nossas pesquisas iniciais, seguindo um modelo qualitativo intuitivo, esboçamos a análise de elementos sobre a qualidade da informação expressa pelo sujeito, os quais definimos em categorias como "vínculo afetivo" e "elaboração pessoal", que, ainda que de modo restrito, nos permitiram ir muito além do conteúdo explícito e intencional expresso pelo sujeito estudado.

Algumas das limitações que temos assinalado para os testes objetivos são compartilhadas pelas chamadas técnicas ou testes projetivos, que representam um esforço para superar as limitações dos instrumentos de medição, mas que se limitam pelos mesmos conceitos de validade, confiabilidade e padronização que guiaram a construção e uso daqueles. Os autores dos testes projetivos se preocupam em implicar processos de interpretação do pesquisador na elaboração dos resultados do teste; no entanto, essa interpretação é oprimida todo o tempo pelas categorias padronizadas.[2]

A modificação que temos introduzido ao considerar a teoria como o cenário da produção de conhecimentos influi não só na modificação sobre o lugar do empírico, mas na metodologia de pesquisa como um todo. Nesse aspecto, o pesquisador está menos preocupado com o acúmulo de dados e mais envolvido com a produção de idéias e explicações a partir dos indicadores construídos no curso da pesquisa. Para esse fim, o instrumento deixa de ser fonte de produção de dados válidos, para converter-se em fonte de informação sobre o estudado; informação que só adquirirá sentido dentro do conjunto das informações produzidas pelo sujeito estudado.

Partindo do anteriormente dito, em lugar de trabalhar com técnicas, em que os elementos indutores são acompanhados de um conjunto de regras e categorias bem-definidas para dar sentido às mais diversas expressões do sujeito, os instrumentos, conceito com o qual designamos todos os procedimentos encaminhados a estimular a expressão do sujeito estudado, são simplesmente indutores de informação que não definem o sentido final dela. Assim, por exemplo, se-

---

2. Uma análise detalhada de nossa crítica às técnicas projetivas pode ser encontrada em nosso livro *Epistemología cualitativa y subjetividad*.

rão instrumentos de pesquisa psicológica as lâminas, as frases a serem completadas, as situações de diálogos, as redações, as análises de filmes, os jogos, as situações de execução, o desenho, as formas de relação grupal e outros.

A expressão em um instrumento adquire sentido só dentro de indicadores definidos por outros instrumentos e situações da pesquisa, e esse sentido é específico ao sujeito concreto estudado, cujas expressões ante o instrumento nunca são generalizações suscetíveis de integração à teoria geral. O processo de desenvolvimento das teorias é mediado por processos locais de construção teórica, que têm lugar no estudo dos sujeitos concretos da pesquisa, sejam estes individuais, coletivos ou ambos.

A informação que um instrumento proporciona com freqüência encontra primeiro seu sentido no cenário do sujeito estudado, e são as construções teóricas e as idéias que se desenvolvem nos marcos de seu estudo as que podem adquirir sentido no marco da teoria geral adotada. As categorias, reflexões e idéias que aparecem diante do estudo do singular estão mediadas e são afetadas de formas diferentes pelo marco teórico geral, mas não são definidas de forma direta por ele, porém constituem o produto de uma combinação complexa de fatores.

O instrumento é uma ferramenta interativa, não uma via objetiva geradora de resultados capazes de refletir diretamente a natureza do estudado independentemente do pesquisador. O instrumento é suscetível de multiplicidade de usos dentro do processo investigativo, que não se limitam às primeiras expressões do sujeito diante dele. Assim, com freqüência, devolvemos aos sujeitos o material escrito por eles em diferentes instrumentos e, a partir daí, organizamos os diálogos, mais significativos que a informação proporcionada originalmente pelo instrumento.

Quando o sujeito pesquisado se defronta com a pesquisa, encontra-se em uma situação nova geradora de múltiplos estados emocionais, que vão desde a curiosidade até a ansiedade; por isso se requer primeiro estabelecer uma relação que lhe permita sentir-se bem e motivar-se com o trabalho que tem adiante.

Assim, o processo de aplicação dos instrumentos é interativo e envolve o sujeito na pesquisa. A expressão do sujeito ante os instrumentos está estreitamente ligada ao que sente no momento de recebê-los, o que depende muito do valor que outorga à pesquisa, de suas necessidades e conflitos, de suas relações com o pesquisador e do clima dialógico da pesquisa. As relações com o pesquisador, a confiança e o interesse que ele desperta são essenciais para criar um conjunto de necessidades do sujeito em relação à sua participação na pesquisa, determinantes para sua capacidade de expressão no decorrer dela.

Quando no sujeito se originam necessidades relacionadas à sua participação na pesquisa, começam a adquirir sentido as atividades relacionadas a ela, o que é condição para a expressão livre e espontânea nas tarefas de pesquisa. A condição subjetiva de nosso objeto de estudo define níveis muito altos de reação, o que tem efeitos permanentes sobre a expressão intencional do sujeito, afetando sua qualidade.

A reação é impossível de controlar, pois faz parte da condição subjetiva da pessoa; portanto, a melhor forma de enfrentá-la é o caráter aberto dos instrumentos e sua multiplicidade, o que permite tanto o uso de indicadores indiretos e implícitos na expressão do sujeito, que estão muito além de seu controle consciente, quanto a descentralização intencional diante da variedade de situações a serem enfrentadas de forma verbal ou escrita. Junto a isso, a condição do sujeito se desenvolve nos processos de comunicação da pesquisa.

Um grande desafio do estudo da subjetividade é que não temos acesso a ela de forma direta, mas apenas por meio dos sujeitos em que aparece constituída de forma diferenciada. Essa situação determina que, freqüentemente, os indicadores relevantes da constituição subjetiva apareçam só de forma indireta, muito além da consciência do sujeito. Essa expressão indireta é facilitada à medida que o sujeito se expressa de forma aberta e complexa, sem as restrições impostas pelos instrumentos que o fecham na cosmovisão do pesquisador.

O uso dos instrumentos abertos facilita a expressão do sujeito em toda a sua complexidade e aceita o desafio que implica a construção de idéias e conceitos sobre a informação diferenciada que expressam os sujeitos estudados. A construção da informação expressa pelo sujeito diante dos instrumentos por meio de categorias de interpretação padronizadas impede o pesquisador de "ver" a informação não classificada pela técnica. O uso dos instrumentos na forma em que o temos definido facilita o trânsito de uma epistemologia da resposta, que caracteriza o desenvolvimento da epistemologia positivista na pesquisa psicológica, para uma epistemologia da construção, ou seja, que considera os instrumentos não como vias para o estudo das respostas do sujeito, mas como vias que induzam a construção do sujeito muito além do indutor específico usado, o que supõe o diálogo.

O conceito de resposta utilizado em psicologia se define pela expressão do indivíduo diante de um estímulo externo, seja este uma pergunta ou não. Na história do uso das técnicas psicológicas, a preocupação com sua validade, confiabilidade e padronização se apóia na análise da capacidade das perguntas ou dos estímulos não-estruturados em que se sustentam, como é o caso das técnicas projetivas com vistas a produzir respostas comparáveis entre os sujeitos, suscetíveis de serem analisadas em termos dos objetivos das técnicas empregadas. De fato, deposita-se no indutor a responsabilidade pela qualidade das respostas expressas pelo sujeito.

Mas, quando um sujeito responde a um instrumento, nunca se estabelece relação direta entre a pergunta e o indutor e a resposta, pois o sentido que um indutor de informação tem sempre é mediado pelo sistema de necessidades do sujeito estudado, entre as quais temos de considerar seu estado atual. Portanto, o sujeito faz mais do que responder ante um instrumento, ele se expressa por meio dele, elabora e constrói sua experiência e a expressa de forma diferenciada mediante o do indutor.

Essa realidade do sujeito tem muito a ver com o fenômeno da reação definido por Campbell e outros autores; no entanto, ele nos indica a impossibilidade de garantir a partir do instrumento a qualidade da expressão do sujeito. Isso joga por terra as vias de controle tradicionais na construção das técnicas psicológicas e fundamenta o uso dos instrumentos como indutores abertos de informação dentro de um processo de comunicação.

Os instrumentos escritos não representam informações mais legítimas que as obtidas por outras fontes; a informação reportada por eles tem o mesmo *status* que a procedente de outras fontes da pesquisa: todas são vias de definição de indicadores, que são relacionados pelo pesquisador no processo da construção teórica. Entre as funções gerais dos instrumentos escritos, está a descentralização da intencionalidade do sujeito na produção de informação, pois eles facilitam o contato do sujeito com novas zonas de sua experiência que estimulam a aparição de reflexões e emoções que, por sua vez, conduzem a novos níveis de produção de informação, tanto nos diferentes sistemas dialogistas constituídos na pesquisa, como nos instrumentos utilizados.

Quando nos referimos à descentralização, nós nos reportamos a um processo inerente à comunicação humana, que é o de centrar-se em determinado eixo do processo de comunicação. Isto é, toda comunicação estabelece uma zona significativa de intercâmbio ao redor da qual o sujeito centra sua expressão, o que pode implicar que fiquem fora experiências interessantes à pesquisa. Esse processo tem um conjunto de conseqüências subjetivas, como é a defesa das representações recíprocas que se constroem no percurso do vínculo estabelecido. Assim, por exemplo, um sujeito expressa a tendência de ser congruente todo o tempo por meio da representação que adota em determinado contexto, o que dificulta a expressão de outros aspectos de sua experiência, que sejam percebidos por ele como contraditórios, com a representação posta em jogo em determinado cenário de comunicação.

Toda entrevista ou diálogo se constitui subjetivamente sobre aspectos dominantes na comunicação: o processo de comunicação define a identidade dos participantes nesse espaço. A comunicação é um processo histórico que facilita a expressão dos temas mais suscetíveis de adquirir sentido nos termos e condições em que tem lugar; o que sempre atua como inibidor de outros conteúdos cuja expressão é facilitada por meio de instrumentos de expressão individual.

Os instrumentos representam um *continuum* dentro da pesquisa, durante a qual se relacionam uns com os outros e dão lugar a indicadores sustentados pelas relações entre conteúdos procedentes de instrumentos diferentes. Nessa estratégia de pesquisa, o instrumento nunca constitui um fim em si mesmo, isolado do curso geral da pesquisa e dos processos que se desenvolvem nela.

A expressão do sujeito diante dos instrumentos se aprofunda e se faz mais complexa de forma progressiva, o que influi em que a expressão adquira sentido só posteriormente, se se integrar a um conjunto de indicadores procedentes de outros instrumentos ou fontes. Esse é um dos fatores que definem o envolvimento constante do pesquisador, pois a informação das diferentes fontes, assim como as relações entre elas, podem levar à ressignificação de informações que já haviam sido construídas, assim como a novas construções. Essa situação exige que se trabalhe por igual com a informação procedente de todos os instrumentos durante a pesquisa. Esse processo, ainda que se integre em uma qualidade única, não é homogêneo, e está constituído por diferentes eixos de produção de informação que podem ser contraditórios entre si.

A afirmação anterior leva a definir a avaliação da informação procedente dos instrumentos como um *continuum*, impossível de ser restringido aos limites daqueles tomados em separado, forma que caracteriza a avaliação tradicional dos instrumentos usados pela psicologia. O instrumento, na forma como o definimos, nunca conduz a resultados finais apoiados em sua validade e confiabilidade.

A pesquisa se organiza como processo de comunicação nos diálogos, tanto entre pesquisador-sujeito pesquisado, como entre os sujeitos pesquisados entre si; processos esses que dependem do tipo de pesquisa e dos instrumentos utilizados.

Os instrumentos qualitativos podem ser de expressão individual, oral e escrita, ou interativos. Por exemplo, dinâmicas de grupo de diferente natureza (discussões de filmes, livros, situações de marionetes e de jogos nas pesquisas com crianças), situações interativas de diálogo familiar, de pares, dinâmicas induzidas pelo pesquisador.

Cada um dos instrumentos deve conduzir a uma dinâmica própria entre os sujeitos, a qual produz necessidades grupais em relação às necessidades individuais dos participantes e de acordo com os padrões de comunicação do grupo.

A constituição das formas de subjetividade social nos grupos e dinâmicas interativas, que são parte da pesquisa, representa um processo lento, que passa pelo silêncio e pela resistência dos participantes. Isso cria com freqüência ansiedade no pesquisador pouco treinado no trabalho com grupos e determina que a pressão daquele faça abortar a constituição subjetiva do grupo, a qual é um objetivo essencial em muitos tipos de pesquisa qualitativa, já que o caráter espontâneo da participação dos membros e o compromisso de cada membro, tanto com as necessidades do grupo quanto com suas necessidades pessoais, convertem o grupo em fontes privilegiadas de informação.

A pesquisa gera diálogos formais e informais, entre o pesquisador e os participantes e entre os próprios participantes, os quais adquirem grande importância porque são parte essencial do processo de pesquisa nas ciências antropossociais: neles se desenvolve a identificação dos participantes com o problema, assim como a identificação deles como grupo. Esses processos são específicos das pesquisas com seres humanos e são condição para a qualidade da informação.

O curso progressivo dos diálogos, tanto nas situações de entrevista como fora delas, se converte em fonte importante de informação sobre o problema estudado. A estrutura dialógica dentro da qual se organiza a aplicação dos instrumentos, e da qual cada instrumento toma parte, constitui um processo ignorado pela psicologia, apesar de paradoxalmente ser um dos processos centrais para a psicologia da ciência, termo ausente de nossa linguagem, entre outras coisas, pela pouca capacidade da psicologia para fornecer conhecimentos sobre os processos psicológicos dos diferentes tipos de atividade humana e, de forma particular, por sua incapacidade para produzir conhecimentos sobre a atividade científica.

A trama de diálogos no curso da pesquisa adquire uma organização própria, em que os participantes se convertem em sujeitos ativos que não só respondem às perguntas formuladas pelo pesquisador, mas constroem suas próprias perguntas e reflexões. Essa posição ativa lhes permite expressar sua experiência e compartilhar reflexões muitas vezes inauguradas ali.

A pesquisa se converte assim em um campo de relações que o sujeito legitima como próprio na medida em que se amplia a expressão de suas necessidades e se desenvolvem novas necessidades nele, nas relações que progressivamente se constituem no processo da pesquisa. A pesquisa nas ciências humanas representa um processo cultural em que se consideram os participantes sujeitos desse processo.

Nesse contexto de pesquisa, a entrevista não é um instrumento mais organizado em forma de perguntas padronizadas, pois o diálogo permanente que a pesquisa envolve integra os interesses concretos do pesquisador, os quais aparecem como momentos de sentido no curso do diálogo, e não como um momento frio e parcial, organizado em forma de perguntas a serem respondidas de forma direta pelos sujeitos estudados. Como em todo diálogo, o diálogo constituído no cenário da pesquisa científica se expande em seus conteúdos de forma espontânea, alcançando áreas de interesse do pesquisador, sobre as quais este não tinha nenhuma idéia no começo da pesquisa.

M. Queiros – aluna que orientamos em sua dissertação de mestrado na Universidade de Brasília –, ao entrevistar uma paciente portadora do vírus HIV, desenvolveu procedimentos abertos de conversação, em que os pacientes seguiam a rota do diálogo entre ela e cada sujeito, em vez de usar um guia definido por ela *a priori*. Em uma de suas conversas surgiu uma questão muito interessante, que não constituía um interesse explícito da pesquisadora e que, no entanto, constituía um problema específico de pesquisa para algumas das equipes de psicólogos que nesse momento trabalhavam com doentes de AIDS: a questão da recusa em tomar medicamentos. No curso do diálogo, o sujeito estudado afirmou:

Recusei-me a tomar o AZT (medicamento usado no tratamento da doença). Não o tomava porque via as pessoas que o tomavam e só tendiam *a piorar*. Sentiam dores nos ossos, dificuldades de movimentos, e eu estava bem. A única coisa que estava me incomodando era que não havia recuperado meu peso, mas com a gravidez engordei 18 quilos. Estava tudo bem..., trabalhando, voltei a trabalhar. Na minha gravidez trabalhei até uma data muito próxima de ter o bebê (fragmento de diálogo com o sujeito estudado).

O referido fragmento representa um rico e frutífero diálogo, em que o sujeito estudado, mulher que deu à luz uma filha e desenvolveu sua gravidez com o HIV, se expressa de forma detalhada acerca dos processos de sentido pelos quais atravessou a doença. A pesquisadora se situa como interlocutora real que acompanha de forma ativa a expressão do sujeito através da diversidade de suas construções em diferentes sessões. O limite dessas conversações não é imposto pelo pesquisador, define-se pelas necessidades do diálogo.

É curioso como, sem fazerem parte do problema pesquisado, surgiram informações que não podem ser ignoradas e que, como planejamos, enriquecem o problema; entre elas, a forma como o medicamento adquire sentido para o doente, tema que se pretende estudar por meio de questionários estruturados sobre o sentido do medicamento, sem que as respostas conduzam à questão situada na referida conversação.

Nesse tipo de pesquisa não se descobre só o que se busca, pois surgem elementos que, sem terem sido definidos pelo pesquisador, se convertem em opções de peso teórico, que podem ser relevantes para o processo de construção de conhecimento. O assunto estudado não surge de forma linear em face de instrumentos diretamente planejados para descobri-lo, porém de forma progressiva e diversa ao longo da expressão complexa do sujeito estudado, o que nos leva por novos caminhos.

A conversação espontânea em que cresce a intimidade entre os sujeitos participantes cria uma atmosfera natural, humanizada, que estimula a participação e leva a uma teia de relação que se aproxima à trama das relações em que o sujeito se expressa em sua vida cotidiana. Nesse processo o sujeito constrói de forma progressiva sua experiência por meio do diálogo que estabelece com o pesquisador ou com outros sujeitos no grupo estudado. Essa forma de trabalho é utilizada para a análise de discurso por Billig, que afirma:

> A partir de uma perspectiva retórica, há um conjunto de vantagens em estudar grupos de discussão mais que respostas a entrevistas individuais formais e inclusive semi-estruturadas. Em grupos, é possível observar os padrões de argumentação e, por meio disso, testemunhar os processos de pensamento na prática, como os respondentes se comprometem no entra-e-sai da discussão (1997:45).

O sentido subjetivo com o qual apareceu a questão do uso do medicamento nos permite uma interpretação que pode chegar a constituir-se em um dos eixos do processo de construção teórica de tão complexo problema. Nesse caso consideramos que o sentido subjetivo constituído no sujeito, em relação ao consumo do medicamento, é influenciado pelo ambiente de morte e iatrogenia que rodeia a institucionalização desses casos, assim como pela forma mecânica e tecnicista como se prescreve e se administra o medicamento nas instituições de saúde, em que com freqüência o sujeito é reduzido a paciente em toda a conotação do termo. Essas reflexões enfrentam a construção de áreas que nem sequer foram contempladas na definição do problema, mas que surgem como relevantes à medida que avançamos na pesquisa.

O exemplo anterior nos revela, entre outras coisas, algo que desenvolvemos no último capítulo, mas que não podemos perder a oportunidade de comentar: a importância do caso singular para a construção de hipóteses teóricas que, com freqüência, tem grande importância no desenvolvimento das construções teóricas com alta capacidade de generalização.

A condução rígida de uma entrevista e a pouca simpatia de quem a aplica fazem o sujeito entrevistado se sentir como um estranho em relação ao pesquisador, o que leva a um formalismo na realização da entrevista, limitando a expressão das emoções e reflexões mais íntimas do sujeito e empobrecendo a informação. Como assinala S. Kvale:

> Os sujeitos não só respondem perguntas preparadas por um perito, mas formulam em um diálogo suas próprias concepções sobre seu mundo vivido. A sensibilidade da entrevista e sua aproximação ao mundo vivido do sujeito pode conduzir a um conhecimento a ser usado para melhorar a condição humana (1996:11).

Não se deve usar a entrevista na perspectiva qualitativa como um instrumento fechado, em que a resposta seja utilizada como unidade objetiva de análise. A entrevista, na pesquisa qualitativa, tem sempre o propósito de converter-se em um diálogo, em cujo curso as informações aparecem na complexa trama em que o sujeito as experimenta em seu mundo real. Surgem inumeráveis elementos de sentido, sobre os quais o pesquisador nem sequer havia pensado, que se convertem em elementos importantes do conhecimento e enriqueceram o problema inicial planejado de forma unilateral nos termos do pesquisador. A pesquisa é um diálogo permanente em que as opiniões, cosmovisões, emoções, enfim, a subjetividade do sujeito estudado constitui elemento relevante para o processo, o que resulta impossível predizer nos momentos iniciais.

Em toda pesquisa que comprometa a subjetividade, nós nos vinculamos a um problema suscetível a seu contexto. Isto é, todo problema subjetivo é afetado pelas condições em que o sujeito se encontra e pelo sentido dessas condições para ele; portanto, o contexto da pesquisa afeta a expressão do sujeito nela.

Além disso, a pesquisa sobre a subjetividade expressa sempre uma contradição inerente: a contradição entre a constituição subjetiva dos fenômenos na personalidade e a representação que o sujeito tem desses fenômenos; processos que nem sempre coincidem e que, com freqüência, são contraditórios.

Como mencionamos no começo deste trabalho e em publicações anteriores (1995, 1997), a subjetividade se constitui, não se interioriza; o que quer dizer que é resultante de um complexo e contraditório processo de integração entre a história do sujeito, a subjetivação dessa história na personalidade e os momentos atuais de sua vida, os quais, embora sejam subjetivados em termos congruentes com sua constituição subjetiva atual, não são por eles anulados em sua potencialidade de mudança no desenvolvimento da personalidade. Muitas das experiências constituídas por seu sentido subjetivo aparecem distorcidas nas representações do sujeito ou, então, não aparecem.

Pode-se afirmar isso com base na idéia de que as representações estão mediadas por uma multiplicidade de fatores associados à condição social do sujeito; portanto, não são simplesmente um reflexo dos sentidos subjetivos constituídos historicamente em sua vida, porém uma construção organizada sobre a base de sentidos subjetivos muito diversos, entre os quais o sentido subjetivo definido pela experiência histórica do sujeito em relação ao objeto concreto da representação é só um dos elementos que constituem o sentido subjetivo da representação.

Qualquer representação do sujeito divide-se pelas representações sociais dominantes, pelos estados subjetivos atuais, pelo sentido de sua relação como representado nesse momento de sua vida e por muitos outros aspectos subjetivos de sua existência, todos os quais, assim como o sentido histórico da própria experiência representada, podem ser ou não conscientes. O descobrimento desses processos subjetivos complexos, constituintes das representações que o sujeito explicita, só pode ser construído na pesquisa científica por meio de processos de interpretações e construção teórica de indicadores, expressos por via indireta e implícita pelos sujeitos estudados.

Assim, por exemplo, a queixa com que o sujeito chega à psicoterapia freqüentemente representa uma expressão de seu conflito pessoal em termos socialmente aceitos, o que permite ao sujeito diminuir sua responsabilidade diante do conflito e entrar mais facilmente em comunicação com seus interlocutores sociais, o que exerce forte influência para que o sujeito adote a representação socialmente constituída como a causa de seu conflito.

A pesquisa qualitativa não tenta expressar em operações os conteúdos diretos e explícitos do sujeito com o fim de convertê-los em entidades objetivas suscetíveis de processamento matemático. A opção epistemológica que escolhemos como fundamento da abordagem qualitativa representa o conhecimento como processo permanente, de caráter aberto, dentro do qual o pesquisador sempre descobre e constrói opções.

O caráter construtivo-interpretativo que atribuímos à produção de conhecimento enfatiza que este tem de ser construído em relação ao que expressa o sujeito estudado. Nenhuma expressão do sujeito pode ser tomada de forma direta pelo pesquisador fora do contexto geral em que se produz. Os instrumentos representam um momento de um processo mais abrangente, dentro do qual adquirem significação as expressões do sujeito estudado.

A definição dos instrumentos deve integrar sempre formas orais e escritas, pois uma atua como elemento descentralizador da outra e chegam a envolver o sujeito em uma reflexão crítica sobre sua própria experiência. Ambas as formas de expressão se desenvolvem como um *continuum* nos diferentes diálogos que coexistem como expressão da trama social constituída no processo de pesquisa.

O uso de instrumentos escritos ou de expressão individual compreende, entre outros, o uso de desenhos, da expressão ante as lâminas não-estruturadas, de situações experimentais de diferentes características, assim como de situações de conflito ou execução que o sujeito deve resolver, todos os quais utilizamos em diferentes pesquisas. Toda técnica de expressão individual representa um espaço de diálogo entre o pesquisador e o sujeito pesquisado, sem o qual o instrumento pode não ter nenhum sentido para quem responde a ele. Assim, por exemplo, em um estudo de campo realizado por alunas sob nossa orientação na Universidade de Brasília (J. Yebrín e outros), constatamos que, quando são apresentadas lâminas a crianças entre oito e dez anos, estas tendem a reproduzir e descrever o que vêem, sem envolver-se em construções que expressem aspectos relevantes da constituição de sua subjetividade. No entanto, quando o pesquisador conversa e as estimula em um espaço de diálogo no qual apareçam diferentes momentos de sua experiência, a qualidade das respostas individuais muda.

Por outro lado, sem o diálogo e a reflexão conjunta entre o pesquisador e os sujeitos estudados, poderiam se perder aspectos muito interessantes que estão na base do sentido subjetivo da expressão do sujeito diante do instrumento. Assim, por exemplo, em um trabalho de estudo de casos de M. de Paoli, pediu-se a um menino de sete anos que desenhasse sua família. No desenho aparecia uma pessoa fazendo algo que só de vista não se podia definir, e três barracas, debaixo do que parecia ser uma grande lona. Quando o menino terminou seu desenho, a pesquisadora lhe perguntou pela família, e o menino respondeu:

"Bom, este que está aqui sou eu, comendo um cachorro-quente"; então lhe foi perguntado: "Mas onde está sua família?", e ele respondeu: "Nessa primeira barraca estão meus pais, eles vivem aí, e na segunda barraca vivem meus irmãos (tinha dois irmãos de 11 e 13 anos, respectivamente). Na terceira barraca – que se encontrava mais distante das outras duas – moro eu".

A pesquisadora lhe perguntou por que não moravam todos juntos, e ele respondeu que seus pais o incomodavam demais, e que seus irmãos, como eram maiores que ele, abusavam dele e lhe batiam por qualquer coisa; motivo pelo qual preferia morar sozinho. Esse desenho é um indicador de conflitos do menor dentro da sua família, que não se haviam manifestado sem a conversa com a pesquisadora.

Em geral, na análise de desenhos e respostas a lâminas, situações usadas em alguns testes projetivos mais populares, como Rorschach, TAT e CAT, entre outros, é necessário fixar-se em todos os detalhes do contexto em que a prova tem lugar, assim como em todas as expressões do sujeito durante a realização do teste, não só nas respostas que dá aos indutores apresentados. Assim, o uso da cor, dos cenários abertos, da presença de vida, seja em flores, pessoas ou animais, são todos elementos que podem ter um significado para a construção de indicadores nos desenhos; no entanto, esses elementos nunca teriam um valor universal como o que se atribui, por exemplo, ao resultado do Rorschach.

O significado dos indicadores propiciados pelos instrumentos não se define pela análise da resposta abstrata, mas pelo que ela significa no conjunto de elementos de sentido expressos pelo sujeito no instrumento e na situação de sua aplicação, em que exigem especial pertinência as conversações com o pesquisador. Esse é outro elemento que reafirma a natureza interativa dos instrumentos na pesquisa psicológica, o que os separa radicalmente do caráter objetivo de sua aplicação, defendido pelos enfoques positivistas.

# capítulo 3

# O trabalho de campo na pesquisa psicológica e o processo de construção da informação na pesquisa qualitativa

O conceito de trabalho de campo tem estado associado historicamente com a etnografia, o que em nossa opinião depende do método etnográfico pioneiro no desenvolvimento de uma orientação qualitativa da pesquisa científica. No entanto, o trabalho de campo é exigência para muitas pesquisas qualitativas desenvolvidas no campo das ciências antropossociais.

O reconhecimento da comunicação como processo em que se articula a pesquisa qualitativa em seus diferentes momentos leva necessariamente à representação da pesquisa como trabalho de campo, em que o pesquisador tem presença e participação constante dentro da instituição, comunidade ou grupo de pessoas que está pesquisando, o que dá acesso a fontes importantes de informação informal.

O trabalho de campo se relaciona com a pesquisa em grupos de pessoas, instituições, comunidades, e a diferença da coleta de dados pressupõe a participação espontânea do pesquisador no curso cotidiano da vida dos sujeitos estudados, o que conduz à formação de redes de comunicação que permitem a expressão cotidiana dos sujeitos estudados, fonte excepcional para a produção de conhecimentos psicológicos.

O trabalho de campo não deve se associar só à participação do pesquisador no meio estudado. Também a presença do pesquisador na instituição estudada é trabalho de campo, que se realiza onde os sujeitos passam parte importante do seu tempo; por exemplo, o estudo dos pacientes crônicos no hospital. O trabalho de campo favorece o contato interativo do pesquisador-pesquisado em um contexto relevante para o sujeito pesquisado, dentro do qual o pesquisador pode se expandir com naturalidade dentro das relações e eventos que fazem parte da vida cotidiana do sujeito.

Diferentemente da coleta de dados, o trabalho de campo é um processo permanente de estabelecimento de relações e de construções de eixos relevantes de conhecimento dentro do cenário em que pesquisamos o problema. A informação que se produz no campo entra em um processo de conceitualização e construção que caracteriza o desenvolvimento do momento empírico.

A orientação descritiva que dominou os métodos etnográficos em seus primórdios deu lugar a uma orientação ativa, em que o problema não consiste só em registrar eventos relevantes no campo, mas em segui-los por meio das idéias e construções do pesquisador geradas por sua presença no campo. O trabalho de campo é via para estimular a iniciativa e o desenvolvimento intelectual do pesquisador, que é obrigado a elaborar idéias em face do que acontece. H. Wolcott escreveu sobre isso:

> A conceitualização que acompanha o trabalho de campo é motivo de grande preocupação para alguns, mas é estimulante desafio intelectual para outros. (...) Independentemente de como a experiência seja depois escrita, o pensamento que acompanha o trabalho de campo deve ser próprio: tudo é filtrado através do que Geertz chama "Eu-testemunho" (Geertz, 1988:73ff). Ele mesmo se converte no referencial contra o qual todas as outras ações são concluídas, todos os outros significados são discernidos (1995:223).

O trabalho de campo exige do pesquisador a produção permanente de idéias, é ele quem deve conservar o curso de seu pensamento em anotações não só orientadas para registrar dados, mas para o seguimento das idéias produzidas, que se integrarão em produções teóricas mais complexas, que podem converter-se em momentos relevantes do processo de construção teórica gerado pela pesquisa. Para manter essa posição ativa, o pesquisador deve conservar a disposição de mudar suas próprias idéias. Como escreveu Dembo: "Demasiado envolvimento com a veracidade das idéias preliminares, penso eu, corta rapidamente as possíveis inovações no enfoque das novas idéias" (1985:28).

O trabalho de campo é por definição um espaço que requer ser organizado, onde se produzirão muitas idéias que constituirão o corpo teórico da pesquisa. Em geral, seguindo o modelo tradicional de coleta de dados, muitos pesquisadores aplicam seus instrumentos com idéias preconcebidas sobre o sentido que darão a seus achados, o que converte a pesquisa em uma tarefa de classificação, mais que de produção de conhecimentos. A coleta de dados, como a palavra indica, é um momento de acúmulo de informação, à qual será atribuído um significado só posteriormente, na etapa de interpretação de resultados.

Na pesquisa qualitativa que propomos não existe coleta de dados como tal: o curso da produção de informação é, simultaneamente, um processo de produção de idéias em que toda nova informação adquire sentido para a pesquisa.

As diferenças essenciais entre o trabalho de campo e a fase de coleta de dados são as seguintes:

- O trabalho de campo pressupõe a participação ativa do pesquisador não só diante das decisões de caráter metodológico que deve adotar diante das necessidades que aparecem na pesquisa, mas no desenvolvimento das idéias que conduzem ao corpo teórico no qual vão adquirir sentido as diversas experiências do momento empírico. Na recompilação de dados o pesquisador tem um papel passivo, que com freqüência se identifica com a aplicação de instrumentos, pois, na maioria dos casos, nem sequer se dá a este a possibilidade de registrar observações imprevistas que possam ser relevantes para a qualificação dos instrumentos aplicados.
- O trabalho de campo volta-se essencialmente à construção de sistemas de relações capazes de produzir informação em suas pró-

prias dinâmicas, não só ante as ações metodológicas do pesquisador. O acúmulo de dados em psicologia tem caráter instrumental, por meio de testes psicométricos ou de aplicação de experimentos.
- O trabalho de campo é um processo abrangente, dentro do qual adquire significado a informação nova, imprevista no momento de definição do problema. A coleta de dados é um processo em que só entram os dados que foram definidos *a priori* como significativos em relação ao problema a estudar.
- O campo não representa um recorte estático de informações que se tem de selecionar, mas um processo ativo que permanentemente gera informações que desafiam os marcos teóricos com que o pesquisador se aproxima dele. A coleta de dados é um processo formal e regular, direcionado só a um segmento possível de informação, definido *a priori* em função das hipóteses e do problema.
- O trabalho de campo não é limitado por nenhum tipo de problema nem de hipóteses, e representa uma entrada ao campo de estudo no qual irão se configurando diferentes opções para a construção de problemas que surgem em estreita relação uns com outros. O esquema de análise dos dados fica estabelecido *a priori*.
- O trabalho de campo segue o caminho singular dos sujeitos estudados nos contextos que se expressam, os quais o pesquisador tenta abranger. A coleta de dados separa o pesquisador, como entidade objetiva, do sujeito produtor de dados, o primeiro aparece só como quem "recolhe" os dados.

Em uma pesquisa realizada por uma equipe de alunos sob nossa orientação, na escola classe 106 Norte em Brasília, a qual foi desenvolvida entre 1996 e 1997 por A. Orofino e V. Zanello, realizou-se uma experiência de trabalho de campo, em que a equipe de alunos de psicologia passava grande parte do tempo trabalhando simultaneamente com estudantes, professores e pais. Essa presença e a pluralidade de canais utilizados na pesquisa lhes permitiram aprofundar a análise de processos complexos, tanto da subjetividade dos alunos estudados como da subjetividade social da escola, que eram inacessíveis para os planos de pesquisa tradicional. Orofino e Zanello afirmam:

> Interessa-nos o sujeito concreto e não um sujeito hipotético. Não iniciamos a pesquisa com hipóteses *a priori* que nos fariam cair na armadilha de filtrar a observação. Acreditamos que a pesquisa se faz pela construção dinâmica, pelo intercâmbio interdisciplinar, pelo cotidiano das vivências geradas pela relação pesquisador-pesquisado (1997:13).

Partindo desse princípio, a equipe assumiu o desafio de entrar na dinâmica da instituição escolar, aceitando os desafios profissionais implicados em compartilhar cada dia com os sujeitos pesquisados.

O curso do trabalho apresenta momentos que evidenciam a construção de idéias das autoras dentro do campo de trabalho, que representam uma interessante opção diante das formas tradicionais como são realizados o diagnóstico e a pesquisa nas instituições escolares. Nesse sentido, por ocasião de uma visita à casa dos pais de um dos alunos da pesquisa, as autoras escreveram:

> Quando chegamos à casa, a reação geral foi de surpresa diante do inesperado. A mãe estava assistindo à televisão com o filho mais velho. Os gêmeos estavam no quarto (único da casa), com o irmão do meio; o pai, sereno, estava trabalhando. Praticamente a entrevista inteira se realizou com a mãe (o pai, pelo que pudemos perceber, estava como ausente, só ia à casa para almoçar e dormir). Ela se mostrou aberta, mas em uma posição de insegurança em relação ao que deveria falar. Disse que diariamente levava os filhos à escola; mas, quando perguntávamos alguma coisa específica (sobre as notas, tarefas etc.), dificilmente sabia responder.

Aqui resulta evidente algo muito comum no trabalho de campo: no início, as pessoas procuram situar-se na perspectiva do pesquisador para encontrar a expressão "correta" e ser bem-avaliadas. Isso expressa, por outro lado, a forte despersonalização que afeta importantes setores da população e a forma como esta é afetada por pressões sociais não-explícitas. A tática utilizada pelas alunas de transformar as expressões gerais e abstratas da mãe em perguntas concretas foi um bom recurso para definir o caráter superficial daquelas.

Continuando seu relato da visita, Orofino e Zanello escreveram:

> Seu tratamento com os meninos implicava a infantilização destes; dizia que eram imaturos (não os deixava responder a nossas perguntas), dizia que tinha medo de que tivessem problema ("como retardo") e algumas vezes os tratava como bebês. Esse fato é interessante, pois na escola havia marcada tendência a considerar os meninos retardados. O fato que contribuiu para essa idéia foi um tique nervoso em um deles, o qual, quando era submetido a uma situação de tensão, se contorcia e torcia a boca emitindo um gemido: ah!, ah!...! Por sorte pudemos presenciar sua relação com o seu melhor amigo, que era mudo; conversavam por meio do mesmo som considerado um gemido na escola. A mãe nos contou que eles conseguiam entender-se perfeitamente por intermédio dessa linguagem. Não queremos justificar linearmente esse comportamento, mas consideramos a hipótese de que o menino utilize esse mecanismo "primitivo" de comunicação em situações angustiantes para ele. Isso nos abre uma opção de estudo diferente do que afirmar simplesmente que ele apresenta deficiência mental (1997:29).

Essa análise associada à visita aos pais dos alunos nos revela uma diferença essencial entre o trabalho de campo e a coleta de dados: a singularização do processo de construção teórica no trabalho de campo, no qual se seguem linhas relacionadas com a posição do sujeito em diferentes contextos de sua vida cotidiana. Esse caso representa um exemplo do sentido que uma expressão pode ter para um sujeito no curso de suas experiências únicas, como é a relação do menino com seu amigo mudo, e o grande perigo que envolve levar essa riqueza singular a categorias padronizadas apoiadas na identificação de "sintomas".

O sentido da interpretação das autoras sobre os gemidos do menino representa um primeiro momento de conceituação desse problema no curso da atividade de campo. Essa conceituação deve ser seguida pela pesquisa, cujo curso pode adquirir diferentes sentidos em relação aos outros conceitos e idéias diante da aparição de nova informação, procedente tanto do estudante como do restante dos sujeitos estudados.

As interpretações sobre a base da aparição de determinados indicadores nunca têm caráter absoluto: só representam um primeiro momento na definição de uma zona de sentido sobre o assunto estudado, a qual se integra ao processo de uma construção teórica mais abrangente.

O trabalho de campo permite integrar informação procedente de fontes e contextos diversos e fazer construções que seria impossível edificar sobre a base de dados comprometidos com uma lógica linear. Conceituações como a que expressa a hipótese aberta pelas pesquisadoras em relação ao gemido acompanham diversos casos e situações da pesquisa, motivo pelo qual a continuidade da informação por meio de diários de campo se converte em uma exigência desse tipo de trabalho.

Na referência à visita narrada pelas pesquisadoras, pudemos apreciar também uma análise de significação teórica em relação à explicação dos comportamentos infantis que se revelaram nos meninos. Esse tipo de construções parciais no estudo de casos pode ser muito importante para o desenvolvimento de generalizações, que analisaremos no capítulo dedicado a generalizações na pesquisa qualitativa.

No trabalho de campo o pesquisador está exposto permanentemente a defrontar com o novo, motivo pelo qual se vê obrigado a desenvolver conceitos e explicações que dêem sentido às novas experiências para incluí-las no processo de construção do conhecimento. O trabalho de campo é congruente, no âmbito metodológico, com os princípios gerais adotados pela epistemologia qualitativa.

## Diferentes fontes de produção de conhecimento nos campos de ação da psicologia como ciência

Na ciência psicológica o campo de trabalho dos pesquisadores se encontra em todos os cenários em que a prática tem lugar, ou seja, a partir dessa perspectiva a pesquisa não se separa da prática profissional, ainda que essa separação tenha sido pretendida por um longo tempo como conseqüência do domínio positivista. O pesquisador não se divide para participar nos diferentes domínios do exercício da profissão, mas elabora continuamente suas idéias em qualquer domínio da prática profissional.

O psicodiagnóstico, a psicoterapia e qualquer outra prática profissional são fontes permanentes para a pesquisa científica. Ao romper com a lógica instrumental que legitimava o valor científico dos resultados pelo tipo de instrumentos que os produziam e resgatar o valor da produção de idéias como processo fundamental da produção científica, as idéias passam a ter valor não por sua procedência, mas pelo lugar que ocupam e pela sua capacidade geradora dentro do processo de produção do conhecimento.

Como mencionamos no começo, muitos sistemas teóricos do pensamento psicológico não se desenvolveram sobre a base do conceito tradicional da pesquisa científica, mas por intermédio da prática terapêutica, como a psicanálise e o humanismo. As idéias desenvolvidas na psicoterapia, o diagnóstico ou outras formas de prática profissional se legitimam por sua significação no momento da produção do conhecimento, para o qual não necessitam de fundamentação estatística nem precisam ser resultado de um experimento ou de uma técnica validada e padronizada.

Ao separar a legitimidade das idéias do instrumento utilizado para produzi-las, e da significação estatística dos resultados sobre os quais se apóiam, as idéias – independentemente de sua origem – passam a participar do processo de construção do conhecimento. Nesse aspecto, a informação que conceituamos na psicoterapia não está alheia às idéias e construções que trabalhamos no momento de nossas pesquisas e, por sua vez, pode representar momentos importantes de ruptura e extensão em relação a essas.

Na produção do conhecimento psicológico convergem as idéias produzidas em todos os âmbitos da vida profissional, as quais passam a um nível teórico mais geral à medida que começam a ser utilizadas em construções que abrangem muito além do caso em cuja análise foram produzidas. O que permite articular as informações procedentes das fontes empíricas é o núcleo vivo de produção conceitual, que se estende e se faz complexo ao longo do processo de construção do conhecimento.

O fato de utilizarmos categorias que nos permitem organizar conceitualmente processos do assunto estudado que estão muito além de nossa possibilidade imediata de constatação define um núcleo de geração teórica com necessidades próprias relativamente independentes do nível empírico; o que facilita que muitas idéias que surgem durante a atividade profissional do pesquisador sejam relevantes no curso do processo teórico, fato que, em si mesmo, determina sua legitimidade. Por outro lado, alguns conceitos gerados nesse nível de atuação enriquecem, a partir da construção teórica, o referente empírico da pesquisa, como ocorreu na visita à casa do aluno mencionada anteriormente. A produção teórica gera de forma permanente novas zonas de sentido no momento empírico.

As fontes da prática profissional que mencionamos contribuem para o processo de produção do conhecimento não por sua integração em termos formais ao projeto de pesquisa, mas pela pertinência dos fatos e das idéias gerados em relação às necessidades do processo de conhecimento. Além disso, um processo do qual se fala pouco, mas que é significativo em termos das relações da pesquisa com as fontes de atividade profissional, é a integração subjetiva do pesquisador no processo de pesquisa.

As idéias que estejam em desenvolvimento durante o curso de uma pesquisa serão constitutivas do sentido subjetivo das reflexões e ações que o sujeito empreenda em qualquer âmbito de sua prática profissional. Este é, talvez, um dos aspectos de maior interesse epistemológico na evolução implícita da psicanálise, em que as idéias geradas por Freud na psicoterapia retroalimentavam imediatamente sua teoria, e esta, por sua vez, criava influências sobre a prática terapêutica. A explicação desse circuito de influências recíprocas está no fato de que foi o próprio Freud quem levou à evolução de ambas.

O diagnóstico, quando é compreendido como processo teórico de construção dos aspectos subjetivos de um sujeito, seja este individual ou grupal, segue as mesmas regras da pesquisa qualitativa, isto é, separa-se das categorias rígidas e apriorísticas da semiologia e das técnicas imediatas que as determinam para dar lugar ao uso de instrumentos qualitativos que, igualmente no caso da pesquisa, não constituem um fim em si mesmo, mas um momento do processo geral do diagnóstico.

As idéias que se produzem no diagnóstico se relacionam freqüentemente àquelas desenvolvidas no curso da pesquisa, e é o pesquisador, como sujeito de ambas as atividades, que as integra dentro do processo aberto, irregular e complexo da produção de conhecimento. Pesquisa e diagnóstico não têm a princípio nenhuma incompatibilidade; ao contrário, o diagnóstico é uma pesquisa dirigida ao conhecimento de um caso.

Entendemos o diagnóstico como um processo que se mantém no tempo e que não pode ser identificado com o ato de aplicar um conjunto de instrumentos para chegar a um resultado. O que tradicionalmente se tem identificado como diagnóstico na psicologia, o ato de classificar um sujeito em uma entidade semiológica, representa mais uma classificação grosseira que um diagnóstico. Entendemos o diagnóstico psicológico como aquele processo orientado a debelar o sujeito ou espaço social estudado em sua singularidade, na constituição subjetiva de seus sintomas ou de qualquer processo ou capacidade que se pretenda estudar. Nesse aspecto, o diagnóstico é um processo de produção de conhecimento diferenciado, que pode ser utilizado na pesquisa científica.

O diagnóstico despersonalizado e descontextualizado que tem caracterizado a prática psicológica leva com freqüência a procedimentos errôneos, dentro dos quais se produz o que se diagnostica, como ocorre na aplicação dos testes de inteligência. Esses testes, como expressamos antes, reproduzem durante sua aplicação o sentido subjetivo daquelas situações em que o menino fracassou; assim, por exemplo, um menino que começa a ter problemas com seus resultados na escola é encaminhado ao psicólogo, que, antes de começar o trabalho, aplica um conjunto de testes, entre os quais estão os de inteligência. A maneira despersonalizada como são aplicados esses testes dentro dos conceitos psicométricos, assim como o compromisso do menino com o resultado reproduzem em seu sentido subjetivo a situação de fracasso na aula, o que tem um efeito sobre sua segurança e auto-estima capaz de bloquear sua execução; no entanto, se atribui o resultado ao nível de inteligência, ignorando o contexto de aplicação da prova.

Algo similar ocorre no diagnóstico da esquizofrenia, em que a situação social e institucional geradas pelo diagnóstico são inseparáveis da evolução do próprio quadro diagnosticado. O impacto subjetivo do diagnóstico não é considerado, pois o paciente diagnosticado perde sua condição de sujeito, e com isso se reforça a própria "condição" de doente, a qual, ao ser definida em todos os seus sistemas de relação, chega a definir a identidade do sujeito.

Consideramos que a psicologia está em condições de deixar de lado as práticas de rotular, que caracterizaram por um longo tempo o diagnóstico, e começar a considerar este um processo aberto de produção de conhecimentos sobre a singularidade, o qual não pode se realizar seguindo normas padronizadas, pois terminaria ocultando as diferenças constitutivas da dimensão qualitativa do estudado.

No exercício do diagnóstico como processo de conhecimento são legítimos os mesmos princípios gerais da epistemologia qualitativa: o diagnóstico é um processo de relação constituído por meio da comunicação, o qual não representa um reflexo do sujeito estudado nos termos de um resultado final, mas um processo orientado para produzir conhecimentos que facilitem a inteligibilidade daquele em termos de nossos recursos conceituais atuais, o que não significa dissolver o sujeito nas categorias usadas para seu diagnóstico. Utilizado dessa forma, o diagnóstico se converte em fonte importante de produção de conhecimentos.

Além do diagnóstico e da psicoterapia, que são práticas profissionais cotidianas para grande número de psicólogos, o conceito de prática profissional é mais amplo e inclui tudo o que os profissionais da psicologia fazem nas áreas da profissão. Em seu sentido mais amplo, a prática profissional é considerada um dos campos essenciais da pesquisa dos psicólogos. Dentro de toda prática profissional se pode gerar o curso de uma pesquisa científica.

Quando o profissional começa a seguir o curso de suas idéias e a organizar sua prática com vistas a esse processo de produção de conhecimento, a prática se transforma em pesquisa científica. A divisão tradicional entre prática profissional e ciência, proclamada pelo positivismo, tem sua explicação na própria definição de ciência adotada por essa corrente. A prática só é incompatível com uma ciência neutra, não-participativa, verificadora e instrumentalista, mas é totalmente compatível com o modelo de ciência em que se apóia o método que apresentamos neste livro, ou seja, uma ciência comprometida axiologicamente, participativa e geradora, que reivindica sua própria condição subjetiva como processo humano.

## A construção da informação na pesquisa qualitativa

Como temos afirmado, a construção da informação na pesquisa qualitativa não se apóia na coleta de dados, como se realiza na pesquisa tradicional; mas segue o curso progressivo e aberto de um processo de construção e interpretação que acompanha todos os momentos da pesquisa. Esta última é um processo de construção teórica, e não um processo de definição de dados empíricos que tem um momento de conceituação, como ocorre na pesquisa quantitativa: nela o momento teórico representa mais um momento de conceituação e organização do material fático, que um momento construtivo e de produção de idéias. Os conceitos aparecem em uma correspondência biunívoca com os dados.

O conceito de dado tem profunda conotação objetiva em sua definição, pois trata-se de uma entidade objetiva que representa o objeto estudado, cuja procedência é empírica. Os dados aparecem como uma linguagem própria, que deve ser "respeitada" pelo pesquisador para garantir o caráter objetivo da pesquisa. Essa forma "crua" em que os dados têm sido usados na pesquisa psicológica não corresponde a algumas das definições explícitas sobre o dado fornecidas por alguns autores, as quais estão mais influenciadas pelo positivismo lógico que pelo empirismo ingênuo tão difundido na pesquisa psicológica. J. Samaja, autor argentino, escreveu:

> Agora, bem, um dado é uma construção complexa que, por conseqüência, possui uma estrutura interna. Essa estrutura é em seu conteúdo formal invariável, isto é, está presente em todo dado (1997:160).

Na realidade, o que Samaja chama de estrutura complexa é a estrutura formal do dado, que ele define em quatro componentes: as unidades de análise, as variáveis, os valores e os indicadores. As construções desse autor, ainda que ressaltando a complexidade lógica dos diferentes elementos comprometidos com a pesquisa, mantêm o processo de legitimidade do conhecimento pela correspondência entre a construção e os fatos, colocação que tem acompanhado todas as formas de empirismo. Em relação a essa correspondência, afirma ele: "Se esta interpretação *tem a ver com os fatos*, o que se obtenha no sistema formal, mediante as operações, deverá ter uma correlação no sistema real" (1997:159). De fato, apesar de sua intenção de deixar de lado o empirismo imediato na definição do dado, mantém uma relação direta e isomorfa entre a construção e a realidade como via para avaliar a legitimidade da interpretação.

Na realidade, o uso dos dados, tanto a partir do ponto de vista correlacional como de manipulação, tem conotação mais instrumentalista que orientada para a construção teórica. O dado é tomado diretamente como resultado dos instrumentos, sem mediação do pesquisador. Sobre esse ponto, o psicólogo experimentalista M. Sidman, que critica um conjunto de questões metodológicas associadas à forma tradicional da ciência experimental em psicologia, escreveu:

> Há, entretanto, muitos psicólogos que insistem que a fidelidade e a generalidade (o autor se refere aos dados da pesquisa) sejam julgadas sobre bases puramente impessoais (...) Apesar de que o ajuizamento possa não ter um fundamento lógico e seu resultado não possa se expressar em números, apesar de tudo isso, se relaciona com coisas tangíveis e se verifica que funciona. Os erros são possíveis, mas há formas de serem notados e corrigidos. A objetividade da ciência não consiste tanto em regras estabelecidas de procedimento, mas na natureza autocorretiva do processo científico (1976:50).

Na citação anterior de Sidman, que é hoje uma das figuras mais relevantes no estudo dos problemas metodológicos da pesquisa experimental em psicologia, reconhece-se a forte tendência na pesquisa psicológica de avaliar a fidelidade e a generalidade dos dados de forma objetiva e impessoal, fora do juízo dos pesquisadores. Sidman, ao contrário, dá um importante passo adiante em relação aos autores experimentalistas "duros" e reconhece a importância do ajuizamento, ainda que destaque as vias para detectar e corrigir os erros. Também é importante na citação a separação que o autor faz entre a objetividade e a existência de regras rígidas que regulam o processo de pesquisa, o que leva a associar a objetividade com a natureza autocorretiva do processo científico, afirmação que enfatiza o caráter processual da ciência.

A definição da objetividade como característica do processo científico, e não como atributo inquestionável de um tipo de procedimento ou de regras a serem seguidas, o localiza em uma posição heterodoxa em relação aos princípios dominantes durante várias décadas na pesquisa de base positivista na psicologia, da qual o autor é um expoente. As posições de Sidman nos revelam como o modelo tradicional é questionado não só de fora, como em nosso caso, mas a partir de dentro. As posições de Sidman, e as expressas por Cronbach em seus últimos trabalhos, nos fazem pensar em uma possível reflexão conjunta em um futuro próximo, entre autores de diferentes procedências metodológicas, em relação aos desafios epistemológicos que a psicologia tem pela frente.

Acerca das conseqüências de considerar as variáveis da pesquisa em forma de dados objetivos, que levam a legitimar as variáveis só por suas correlações com outras variáveis, Cronbach escreveu:

> A estratégia experimental dominante na psicologia desde 1950 tem limitado a capacidade de detectar inter-relações. Tipicamente, o pesquisador delimita a gama de situações consideradas em seu programa de pesquisa mantendo invariáveis muitos dos elementos das condições sob as quais o sujeito é observado. As interações dos elementos que se mantêm fixos ficam ocultas ao serem absorvidas pelo efeito principal ou pelas interações de outras variáveis. Essas interações ocultas podem inclusive apagar o efeito principal das variáveis que mais interessam ao pesquisador (1997:36).

Ao considerar os dados como seqüências de elementos objetivos vinculados às hipóteses e reduzir a comprovação de hipóteses à significação estatística das correlações entre os dados, que representam as variáveis comprometidas nelas, deixam-se de fora elementos relevantes pelo seu valor heurístico que, por suas características, não são suscetíveis de serem definidos em forma de variáveis, nem têm a possibilidade de aparecer como dados dentro dos limites dos instrumentos utilizados em sua coleta.

Esse problema atrai novamente o tema do ajuizamento do pesquisador, já tratado por Sidman e que Cronbach volta a considerar por outro ângulo na análise do problema. Cronbach escreveu:

> Não podemos nos permitir lançar pela janela dados onerosos cada vez que os efeitos presentes na amostra "não alcançam significação". No princípio, o psicólogo entendia seu trabalho como uma obser-

vação científica do comportamento humano. No entanto, quando a comprovação da hipótese alcançou destaque, a observação começou a ser abandonada, inclusive a ser desaconselhada ativamente pelos editores (1997:26).

Cronbach destaca a mesma necessidade de superar os processos despersonalizados da pesquisa que destacou Sidman, o que leva a reconhecer a necessidade da participação do pesquisador, que Cronbach limita timidamente à observação científica, enquanto Sidman condiciona, também timidamente, à capacidade do processo investigativo para detectar erros. No entanto, os planejamentos de ambos atendem a uma necessidade, desconhecida por um longo tempo pela ideologia objetivista que dominou o pensamento científico na psicologia: o reconhecimento do lugar do pesquisador na construção do conhecimento.

A despersonalização da comprovação das hipóteses se centrou no caráter objetivo dos dados, em contraposição ao caráter subjetivo das idéias; despersonalização que, como assinala Cronbach, chegou a restringir o uso da observação, ainda que esta seguisse os estreitos cânones que permitem sua definição como "observação científica". A pesquisa positivista, de marcada orientação empirista que predominou na investigação psicológica, provocou obsessão pelo controle de tudo aquilo que poderia ser considerado subjetivo no curso da pesquisa.

A pesquisa qualitativa, a partir da definição epistemológica que temos adotado, não considera o dado em forma tradicional, como tem sido utilizado pela psicologia, isto é, como entidade objetiva que se legitima por sua procedência instrumental, mas como elemento que adquire significação para o problema estudado, o qual pode proceder dos instrumentos utilizados ou das situações imprevistas que surgem no curso da pesquisa.

A pesquisa qualitativa, diferentemente das pesquisas de correlação ou de manipulação que caracterizam a pesquisa psicológica, é diferenciada, ou seja, avança por caminhos individuais que caracterizam a manifestação dos diferentes sujeitos estudados e incorpora novas informações sobre o estudado a amplos sistemas de interações que adquirem sentido por meio das construções do pesquisador. As pesquisas qualitativas não atendem a um foco central, definido em forma de hipóteses, mas seguem as necessidades e demandas que se criam no processo de conhecimento e levam a construções teóricas cada vez mais abrangentes para construir interações e configurações do assunto estudado, muito além de qualquer evidência empírica suscetível de ser registrada em forma de dados.

Na realidade, não podemos nos refugiar nos dados para evitar as idéias; os dados não são substitutos das idéias; ao contrário, são seus facilitadores. Na pesquisa qualitativa o dado ficou separado da idéia na tentativa de preservar sua objetividade, o qual está na base da separação entre as fases de coleta e de análise e interpretação de dados na pesquisa tradicional. Além disso, a fase de análise e interpretação de resultados é definida mais como um processo dirigido pelos dados, que como um momento de produção teórica que os transcende e que não necessariamente tem sua origem neles. A fonte das idéias não está só nos dados, mas no confronto entre o curso do pensamento, conduzido por múltiplas vias, e os dados; confronto de onde surgem novas idéias, cuja legitimidade só pode se entender dentro do processo de pensamento em que se originaram, e não por sua correspondência com os dados produzidos no cenário de onde surgiram.

O dado não se legitima de forma unilateral pelo que representa na relação com o objeto estudado, mas por "sua capacidade de diálogo" com o pesquisador; diálogo que se articula ao longo da pesquisa, em cujo curso um mesmo dado pode entrar em diferentes momentos de elaboração teórica, que o integrem a sistemas diferentes de relação com outros dados, nos quais adquirirá múltiplas significações.

## O conceito de indicador e sua importância para a construção do conhecimento na pesquisa qualitativa

Ainda que aceitemos o conceito de dado para aqueles elementos que adquirem significação teórica, e que são identificáveis como elementos concretos no campo da pesquisa, introduzimos o conceito de "indicador" (1997) para designar aqueles elementos que adquirem significação graças à interpretação do pesquisador, ou seja, sua significação não é acessível de forma direta à experiência, nem aparece em sistemas de correlação. Nesse aspecto, o subjetivo e o objetivo (utilizamos este último termo com o significado estrito de designar aquilo que provém do objeto) se integram em uma unidade indissolúvel que só tem valor dentro dos limites do processo em que é produzida. O valor de um indicador, fora do processo de conhecimento que o gera, só pode ser elaborado no curso dos processos gerais envolvidos no desenvolvimento da teoria.

O indicador só se constrói sobre a base de informação implícita e indireta, pois não determina nenhuma conclusão do pesquisador em relação ao estudado; representa só um momento hipotético no processo de produção da informação, mesmo que conduza à aparição de novos indicadores por meio das novas idéias do pesquisador associadas à construção dos indicadores precedentes.

Assim, por exemplo, em um instrumento de completar frases (tratamos com amplitude desse processo na obra *Epistemología cualitativa y subjetividad*), uma mulher que só se refere ao marido com a frase: "Sou feliz... com meu marido e filhos," e não volta a fazer referência explícita ao marido em outra frase do questionário, pode ter expressões indiretas que impliquem aquele, como: "O matrimônio... para mim é algo sagrado" ou "os homens... são obstinados e rígidos". O conjunto de expressões que relacionamos com o mesmo sentido interpretativo constitui um indicador de conflitos no matrimônio, que não proporciona informações sobre os tipos de conflitos que a pessoa enfrenta, nem sobre as implicações que esses conflitos têm para ela; sobre esses elementos teremos informações à medida que pudermos gerar indicadores que facilitem nosso acesso à constituição subjetiva desse conflito.

O indicador pode se definir por um elemento ou por um conjunto de elementos. No caso apresentado, a definição do indicador produziu-se pela combinação de informações indiretas e informações omitidas, pois, além das frases citadas, é importante destacar que em outras 18 frases do questionário se referiu com expressões emocionais positivas aos filhos, ou seja, que a informação que dá sentido ao indicador integra três tipos de conteúdo; que o marido figure só em uma das 70 frases e que nela o faça com os filhos. Que essa frase faça referência à felicidade pessoal com a inclusão do marido poderia obedecer ao estereótipo de associar a família unida com o conceito de felicidade.

A resposta despersonalizada na frase comentada sobre o matrimônio pode ser um indicador do caráter formal dela, já que dá lugar a uma hipótese que toma corpo quando nenhuma das frases restantes do instrumento se refere ao matrimônio ou ao marido. Assim mesmo, ao referir-se de forma pejorativa aos homens, quando supostamente o homem que tem mais próximo, na condição de homem, é o seu marido.

Os três elementos assinalados nas respostas ao instrumento de complementar frases adquirem sentido pela inter-relação em que os coloca a interpretação do pesquisador, assim como o vínculo que se estabelece entre eles e o conjunto de expressões do sujeito estudado diante do questionário. Como podemos ver, um indicador é uma construção capaz de gerar um significado pela relação que o pesquisador estabelece entre um conjunto de elementos que, no contexto do sujeito estudado, permitem formular uma hipótese que não guarda relação direta com o conteúdo explícito de nenhum dos elementos tomados em separado. O dado, no entanto, é utilizado em seu conteúdo explícito, ainda que esse caráter explícito sempre seja definido dentro do marco teórico em que o dado adquire sentido. Entre um dado e um indicador não há correspondência biunívoca: o indicador está sempre associado a um momento interpretativo irredutível ao dado.

O indicador representa sempre um momento dentro de um processo, em que os indicadores precedentes passam a ser elementos de sentido dos conseqüentes, integrando-se todos no sentido que adquire qualquer interpretação realizada durante o processo de pesquisa. A definição de um indicador constitui um momento qualitativo que permite a definição de uma nova opção na construção do conhecimento. Nesse aspecto, a definição de um indicador é o começo de um caminho que pode conduzir tanto à mudança do problema abordado, quanto à configuração de novos instrumentos.

O processo de definição de indicadores é um processo de construção teórica de complexidade crescente, em que o indicador se torna elemento de relação entre os diferentes níveis da produção teórica e as zonas de sentido do objeto a que os ditos níveis dão acesso. O indicador é parte do processo permanente em que se constrói o conhecimento, e é um dos elementos essenciais que facilitam a viabilidade do processo de conhecimento. O indicador não tem valor como elemento isolado e estático, mas como parte de um processo em que funciona em estreita inter-relação com outros indicadores.

A sucessão que caracteriza os indicadores permite defini-los como manifestações do estudado que resultam cada vez mais distantes da evidência empírica, as quais seriam impossíveis de ser conceitualizadas sem indicadores precedentes que facilitarão a construção dos conseqüentes (os que têm caráter mais abstrato e complexo que os anteriores). O caminho crítico que segue o desenvolvimento dos indicadores nos localiza diante de um processo de construção de conhecimento radicalmente diferente daquele sobre o qual repousa a pesquisa quantitativa tradicional, em que as relações entre os conceitos seguem um caminho linear e as conclusões são expressão de correlações impessoais que destacam a freqüência em que os conceitos se relacionam entre si, sem produzir algum conceito novo que esteja muito além do nível tangível das correlações estatísticas.

Os indicadores são categorias que facilitam o seguimento dos complexos processos que caracterizam qualquer pesquisa contextualizada no estudo da subjetividade humana. Não são categorias para serem utilizadas como referência, mas categorias produzidas no processo de construção do conhecimento que se constituem em instrumentos para a definição de zonas de sentidos sobre o problema estudado. Os indicadores são produzidos com finalidade explicativa, não descritiva; o que marca uma profunda diferença com a forma como o conceito de dado é utilizado pela psicologia.

Entre o nível explicativo, que apela para construções a fim de dar sentido ao não-observável, e o nível descritivo, que se consolida pelas formas de sistematização do observável, existem grandes diferenças, sobretudo quando se pretende converter o nível descritivo em legitimador da ciência, como ocorre historicamente na psicologia. Como assinalou E. Barberá:

> Além dessa falta de correspondência biunívoca entre o processo causal e o fenômeno produzido, há de se ter presente que a seleção e descrição de determinado fenômeno não levam implícita em si mesmas a explicação do processo que o produz. O nível descritivo do comportamento, por exaustivo e meticuloso que seja, no máximo pode levar a uma nova descrição, sempre insuficiente para explicar o processo subjacente e que o viabiliza. (Mumford e colabs., 1990). Em toda explicação científica existe o salto entre o domínio dos efeitos e o das causas, desempenhando a elaboração de conjeturas ou hipóteses sobre os modos de interação dos processos explicativos, o modo fundamental de avanço do conhecimento (Beakwell e colabs. 1995) (1998:45).

O caminho das hipóteses que segue o curso ativo do pesquisador em face das múltiplas encruzilhadas do processo de pesquisa é acompanhado da produção de indicadores que facilitam a interação entre as idéias do pesquisador e as manifestações do estudado, por meio do qual avança em direção a construções mais abrangentes do processo de produção de conhecimento, as quais são de caráter temporário.

Os indicadores aparecem nos instrumentos, nas relações entre eles, assim como em quaisquer das situações e processos surgidos nas diferentes relações que constituem o campo da pesquisa. Os elementos que permitem a construção dos indicadores não se produzem necessariamente em uma relação imediata de uns com os outros; assim, em nossas pesquisas sobre os aspectos psicológicos envolvidos com a hipertensão e o infarto do miocárdio, observamos nos diferentes instrumentos escritos um conjunto de indicadores que nos conduziu ao desenvolvimento da categoria de "determinismo externo", a qual, além de indicar a dependência dos outros que caracterizava muitos pacientes, indicava um nível particular de pressão que sofriam nas relações com os outros, pressão que podia expressar-se em perfeccionismo, intolerância à crítica, elevada suspeita em relação aos outros e busca constante de aprovação e aceitação. O determinismo externo podia se expressar por um ou vários dos indicadores mencionados, pela totalidade deles, ou por outros indicadores que não hão sido conceituados em nossos trabalhos. Esses indicadores surgiram gradativamente por meio da expressão dos sujeitos em instrumentos diferentes e perante situações também diferentes que apareciam, às vezes por acaso, no curso das pesquisas.

Em um dos momentos da pesquisa realizada com sujeitos infartados e hipertensos, decidimos aplicar uma situação experimental de solução de problemas com a finalidade de conhecer mais sobre a maneira como esses sujeitos organizavam suas aspirações e sobre suas reações diante do fracasso, tema já trabalhado em nossas pesquisas sobre o desenvolvimento moral.[1] Ao apresentar a situação experimental aos sujeitos, colocou-se que a prova tinha como objetivo obter conhecimento de algumas habilidades para facilitar a continuação de nossas técnicas de reabilitação, o que não causava a tensão emocional que surge quando se diz aos sujeitos que a prova tem como objetivo a determinação do seu nível de inteligência.

Para nossa surpresa, em 15 dos 20 sujeitos em que se aplicou o experimento, a pressão se elevou a limites superiores aos considerados normais, e dois deles não terminaram o experimento, abandonando-o de forma visivelmente alterada, com reação similar à que havíamos definido em nossos estudos com adolescentes e jovens como "reação emocional diante do fracasso". A explicação do tipo de emoções que provocavam essa alteração do comportamento fisiológico e a elevação

---

1. Para conhecer mais sobre os referidos trabalhos, consultar os livros do autor, *Motivación moral en adolescentes y jóvenes* e *Personalidad, salud y modo de vida*, citados na bibliografia do presente livro.

da pressão sangüínea teria sido impossível sem os indicadores anteriores associados à definição do determinismo externo.

Os resultados do experimento evidenciaram a necessidade muito intensa desses sujeitos de ter êxito em qualquer tipo de tarefa associada a uma valorização social, ainda que, como nesse caso, o compromisso "explícito" com a tarefa implicasse uma pressão muito pequena sobre a auto-estima. No entanto, esses sujeitos são altamente propensos a gerar sentidos subjetivos ameaçadores para sua auto-estima nas diversas situações que enfrentam em suas vidas; o que não implica elevada auto-estima, como afirmamos em alguns de nossos trabalhos anteriores, mas auto-estima extraordinariamente pobre, que pressupõe constante dependência dos outros.

Assim, A. E., sujeito de 54 anos, que foi um dos dois que não conseguiram terminar o experimento, expressou em diferentes momentos da prova, que consistia em completar frases, os seguintes conteúdos:

Não posso: ...tolerar ser acusado de algo injustamente.
Aprecio: ...que as pessoas me estimem e me considerem.
É difícil para mim:... esquecer de alguma má ação que me tenham feito.
Penso que os demais:... às vezes são superficiais.
As pessoas:... às vezes dependem do que alguém faz. Não todas.

Nessas frases, é evidente a grande importância que os outros têm para ele, o que, somado à sua insegurança e baixa auto-estima, o leva a sofrer com suas relações mais do que a desfrutá-las, pois necessita tanto dos outros para conseguir sua felicidade que as mínimas desavenças em suas relações sociais resultam praticamente intoleráveis e conduzem ao desenvolvimento de estados emocionais que se convertem em fontes estáveis de distres. Nas entrevistas esse sujeito se comportou como se representasse a moralidade perfeita, o que levava a um ajuizamento permanente e severo da moralidade dos outros. Uma análise apoiada na aparência poderia indicar que o sujeito tem valores morais tão elevados que resulta impossível a convivência com os que o rodeiam, o que é só um dos elementos dessa configuração subjetiva, que ficaria incompleta sem a análise da necessidade indiferenciada e geral de afeto e apoio que experimenta em relação aos outros, assim como da grande necessidade de aprovação social que experimenta.

Esse é um exemplo da forma como as características gerais do funcionamento da subjetividade social podem aparecer constituídas de forma diferenciada na subjetividade individual de alguns sujeitos, que dessa forma se convertem em sujeitos privilegiados para o estudo da subjetividade social. Esta tem sido uma das razões pelas quais defendo a idéia de que o quadro epidemiológico de um país tem suma importância para a psicologia social, que nunca atuou na interface intradisciplinar com as psicologias clínica e de saúde.

As expressões dos sujeitos no experimento se converteram em indicadores que nos permitiram avançar na construção teórica do problema estudado, o que foi possível graças aos indicadores de que dispúnhamos pela expressão dos sujeitos estudados nos instrumentos escritos. Sem a representação teórica do problema no momento de realizar o experimento, poderíamos ter concluído que a elevação da pressão sangüínea nos sujeitos era o resultado da elevada sensibilidade da resposta hipertensa diante de tarefas de esforço intelectual, o que teria mantido oculta essa fase da configuração subjetiva dos comportamentos encontrados.

A construção intelectual sobre um problema é um processo constante, contraditório e variável, sobretudo nos problemas complexos. Todo problema complexo é constituído por configurações pluridetermindas, em que intervêm processos impossíveis de serem captados em sua totalidade, o que leva a enfoques alternativos, complementares e contraditórios, que dão lugar a momentos mais integradores do conhecimento.

# O desenvolvimento dos indicadores e a definição de categorias no curso da pesquisa

O desenvolvimento dos indicadores conduz necessariamente ao desenvolvimento de conceitos e categorias novas no curso de uma pesquisa, o que é, talvez, um dos momentos mais criativos e delicados da pesquisa. Por ele ter sido associado durante tantos anos à produção de dados, os pesquisadores têm identificado o momento empírico mais como "coleta" que como criação, o que tem levado a considerar a coleta de dados como um processo orientado por categorias gerais que, a partir de um marco hipotético-dedutivo, estabelecem *a priori* o alcance das opções que o pesquisador pode enfrentar no momento empírico, o que foi, em nossa opinião, uma das preocupações estimulantes para o desenvolvimento da *grounded theory*.

Um dos processos mais ricos da pesquisa é o desenvolvimento de categorias que permitam conceituar as questões e processos que aparecem em seu curso, os quais não podem ser conceituados nos marcos rígidos e *a priori* de nenhuma hipótese ou teoria geral. No entanto, esse é um processo diante do qual a maioria dos pesquisadores se sente inibida, pois reserva inconscientemente o lugar de produtores de teoria só para alguns. Nisso ocorre o mesmo que em qualquer atividade humana: todos podemos realizá-la, só que alguns chegaram a níveis que os farão se destacar sobre os outros. O mesmo acontece com o desenvolvimento da teoria, existirão teorias que marcarão épocas e disciplinas; no entanto, muitas outras, sem chegar a esses níveis, podem ser aportes substantivos ao conhecimento.

O desenvolvimento de categorias é um momento essencial no tipo de pesquisa qualitativa que defendemos, pois, se afirmamos que a pesquisa representa um processo de constante produção de pensamento, este não pode avançar sem os momentos de integração e generalização que representam as categorias.

A produção de indicadores e a de categorias são processos inter-relacionados, pois, se as idéias associadas com o desenvolvimento dos indicadores não se expressam em categorias, o processo gerador de teoria sobre o qual repousa o curso da pesquisa corre o risco de interromper-se e levar ao círculo vicioso de reiteração do conhecido, o que caracteriza algumas pesquisas em nossa área. Só o desenvolvimento de conceitos permite integrar, em uma construção teórica em processo, fatos e situações que, de outra forma, não seriam aproveitados para a construção teórica.

Incluímos alguns exemplos associados com pesquisas concretas, o que sempre facilita a compreensão do leitor sobre o assunto tratado; assim, no próprio exemplo que mencionamos sobre a produção de indicadores no estudo de pacientes infartados e hipertensos, surgem categorias que não estão "consagradas" no corpo de categorias de nenhuma das teorias mais conhecidas da psicologia, como "determinismo externo" e "reação inadequada diante do fracasso", esta última desenvolvida também em condições de trabalho de campo por M. Neimark, que foi por muitos anos uma das colaboradoras mais próximas de L. I. Bozhovich.

No trabalho de pesquisa desenvolvido por P. Mendoza sob nossa orientação, ela realizou um estudo de caso com uma menina, T. I., internada no hospital em que a aluna trabalha. T. I. sofria de uma paraplegia desenvolvida a partir de um acidente ocorrido anos antes. A menina tinha comportamento apático e desinteressado, mas conseguiu estabelecer ótima empatia com Mendoza, que, como parte da atenção à menina, propôs que, apesar de sua condição, se fizessem as gestões necessárias para que continuasse sua vida escolar.

Após uma análise controvertida com a equipe de especialistas sobre o estado da garota e o pouco interesse demonstrado por ela diante de tudo, decidiu-se que T. I. freqüentaria a escola, o que, apesar das múltiplas dificuldades que teve, tanto para o transporte à escola quanto por ter sido rejeitada pelo grupo de estudantes, que não foi adequadamente preparado para recebê-la na sala, provocou notável mudança na paciente, quanto aos aspectos a seguir:

A menina, que era totalmente passiva, começou a tomar decisões, como a de exigir que a levassem à escola em qualquer carro, no dia em que a ambulância que a transportava em condições especiais quebrou, apesar do risco que isso implicava para sua própria vida.

Surgiu interesse pelas tarefas da escola, às quais a garota dedicava tempo considerável nos horários em que não freqüentava a escola. Somado a isso, a menina teve comportamento ativo na relação com os estudos, o que a levou a solicitar que a pesquisadora a orientasse na realização de algumas tarefas.

A menina mostrou incrível capacidade de resistência diante da rejeição explícita de que era objeto na sala de aula, concentrando-se totalmente nos assuntos tratados na classe.

O que podíamos concluir desses comportamentos? – essa era a pergunta central do estudo de caso. Diante dessa situação, introduzimos na análise a categoria de tempo pessoal; a menina havia recuperado um tempo próprio, que lhe pertencia, do qual ela era responsável para sua organização e percurso. Essa, que é uma dimensão tão simples e cotidiana da existência humana, tem, no entanto, sentido essencial para a vida do sujeito quando ele a perde.

Dentro do hospital, a garota se encontrava imersa em um tempo institucional, em que tudo lhe era administrado, até distração, o que altera completamente o sentido subjetivo do tempo, elemento ao qual com freqüência somos alheios. Esse processo, impossível de ser conceituado por quem o sofre, adquiriu "realidade" com a aparição da categoria, o que permitiu sua significação conceitual. A categoria representou uma construção em relação aos indicadores que a facilitaram, pois não é uma simples conceituação daqueles, nem se verifica neles, mas "dialoga" com eles uma vez que constitui uma construção teórica que permitirá situá-los no espaço de sentido subjetivo de quem os expressa e que vai permanecer em contato com os mencionados indicadores ao longo do tempo.

A pesquisa não se limita à definição dessa categoria, mas a confronta em momentos empíricos diversos, em que os indicadores podem aparecer, tanto na forma como ela os expressou, como em outras; processo em que a categoria pode ser ressignificada e até abandonada, o que, entretanto, não poderia ser feito sem passar por ela.

As categorias representam um momento na construção teórica de um fenômeno, e por meio delas entramos em novas zonas do sujeito estudado, que conduzirão a novas categorias que se integrarão às anteriores ou as negarão, mas que não se teriam podido construir sem aquelas. Portanto, toda categoria ou teoria concreta tem diante de si o desafio de passar a novas zonas do objeto estudado, muito além das categorias desenvolvidas por qualquer teoria concreta em seu momento atual.

A aparição da categoria "tempo pessoal" nos conduziu à abertura de uma linha de reflexão teórica que projeta novos temas de pesquisa em relação às situações que implicam institucionalização e nos permitem passar a outro nível de análise conceitual no exame de diferentes problemas concretos. Assim, por exemplo, na análise dos pacientes com esquizofrenia, o impacto subjetivo que implica o rótulo da doença e as condições de institucionalização levam, em ocasiões, a perpetuar um quadro que tem a ver mais com a subjetivação da condição de esquizofrênicos que com a própria doença.

O tema da condição subjetiva da esquizofrenia foi muito bem-tratado na tese de J. Barbosa, orientada pela doutora V. Coelho. Em um dos exemplos citados na referida tese, M., um dos pacientes estudados, diante da pergunta "se pudesse mudar alguma coisa em sua família, o que mudaria?", expôs:

> Mudaria algumas coisas; sim, eles poderiam mudar, não mudar-me, por exemplo, consentir que eu tenha namorada, eles não deixam que minha namorada fique comigo, crêem que já sofri muito dentro do hospital, têm medo que me apaixone por ela e que acabe sofrendo, e que termine voltando ao hospital, e que morra lá dentro por causa de uma namorada; a esse respeito escutei meus irmãos falando com minha mãe. Sei que eles querem o meu bem, mas sinto que não sou aquele que era antigamente; hoje sou outra pessoa, nasci outra vez, nasci de novo, então creio que estou em condições de ter uma namorada. Estive quase 20 anos sem saber o que era uma namorada, sem saber o que era uma dama, uma mulher, certo? Agora que estou aqui fora, sem internação, estou conhecendo várias jovens, e eles me proíbem (1998:61).

Esse exemplo evidencia como a usurpação do tempo pessoal pode converter-se em uma condição de vida da pessoa dentro de seus sistemas mais apreciados de relações, os quais adotam a representação social da doença mental do sujeito e perpetuam de forma inconsciente sua condição de doente. Casos como o referido constituem um testemunho para o desenvolvimento dessas idéias; no entanto, outros casos mais graves por sua própria condição não teriam o mesmo valor para o desenvolvimento da pesquisa, o que voltaremos a tratar no capítulo dedicado às amostras na pesquisa psicológica. Barbosa escreveu:

> ...a própria conceituação referente ao transtorno, isto é, de que este implicaria o empobrecimento efetivo e o retraimento social do paciente, não contempla a singularidade e os aspectos específicos da vida de cada uma das pessoas com esquizofrenia. Em muitos casos, o paciente pode ter expectativas de estabelecer vínculos afetivos; no entanto, não o faz pela ação de diversos fatores. Entre eles, a falta de suporte resultante dessa conceituação, que gera o estigma da doença e limita a inserção social (1998:82).

As elaborações teóricas que conduzem a uma nova representação do estudo permitem chegar a zonas de sentido do problema inacessíveis à representação anterior dele. Essa nova representação não está "verificada" nos dados, mas construída em "diálogo" com os dados, que são uma referência dos processos construtivos do pesquisador. Os dados trazidos pela pesquisa de J. Barbosa nos facilitaram o desenvolvimento da categoria "impacto subjetivo da doença", para designar os processos de subjetivação do doente em relação à sua doença. A aparição dessa categoria permite atribuir sentido a um conjunto de manifestações dos sujeitos estudados que se perderia sem a existência daquela.

A evolução do pensamento do pesquisador sobre o problema resulta essencial para produzir novos níveis de elaboração teórica, pois não bastam os dados empíricos para chegar a eles. Assim, por exemplo, o caso de H. L., apresentado em nosso livro *Personalidad, salud y modo de vida*, é similar a alguns dos que Barbosa comenta em sua tese para exemplificar a negação da condição de sujeito ao doente de esquizofrenia; no entanto, o momento em que tratamos daquele caso na prática terapêutica foi para nós uma primeira reflexão sobre o problema e, apesar de o dado "estar aí", nosso pensamento não conseguiu avançar muito na elaboração teórica sobre o caso e suas implicações (1993: 132-133).

A elaboração teórica é um processo gradativo que cresce por meio de sua própria história, na qual os dados e indicadores são ressignificados em diferentes momentos qualitativos. A elaboração teórica se desenvolve em dois níveis relativamente independentes entre si, ainda que ambos se relacionem de forma permanente: o nível de produção teórica que acompanha o curso da pesquisa empírica, na qual a relação entre o teórico e o empírico não é linear nem isomorfa, mas irregular, contraditória e imprevisível, e o nível de produção teórica que caracteriza o desenvolvimento de uma teoria geral, que mantém relação ainda mais imediata e indireta com o empírico.

O teórico não se verifica nem se pode desvalorizar por critérios empíricos que, de fato, respondem a referentes teóricos anteriores à idéia teórica inovadora. Cada sistema teórico tem de ser capaz de produzir seu próprio momento empírico, sem o qual corre o risco de ficar afogado no sistema teórico antecedente, o qual é socialmente dominante no momento em que a idéia nova aparece. Como assinalou Feyerabend:

> Este caráter da evidência nos mostra que seria extremamente imprudente deixar que a evidência julgue diretamente nossas teorias sem mediação alguma. Um juízo direto e indiscriminado das teorias pelos fatos está sujeito a eliminar idéias simplesmente porque não se ajustam ao sistema de alguma cosmologia mais antiga (1993:51).

A relação entre esses dois níveis de produção teórica é também contraditória, irregular e indireta, ainda que possam se produzir momentos no desenvolvimento da teoria, em que a relação entre esses níveis se torne mais direta e regular. A criatividade e independência do pesquisador para "soltar" seu pensamento são uma condição essencial da construção teórica.

As categorias produzidas no nível teórico que caracteriza o momento empírico não passam a ser imediatamente categorias da teoria geral que serve de base à pesquisa; seu sentido nesse nível para a teoria geral não vem dado, mas será produzido dentro dos processos construtivos associados ao desenvolvimento da teoria. A psicologia tradicional prestou muito pouca atenção ao desenvolvimento de novas categorias. Como assinalou Tolman:

> A psicologia tradicional repousa sobre um conjunto de categorias básicas raramente questionadas. Elas formam o principal encabeçamento em todos os textos introdutórios: aprendizagem, motivação, memória, emoção, personalidade, desenvolvimento, sensação, percepção etc. Algumas vezes reconhecemos problemas ao defini-las, mas normalmente não nos preocupamos com eles. A norma neste século tem sido buscar regras de procedimentos em cuja definição se possa estabelecer e com a qual se possa concordar naquilo que "podemos tomar no negócio" de fazer psicologia (1994:71).

Como resultado do *set* empírico dominante na pesquisa psicológica, as categorias são, em geral, adotadas como "entidades" que nos são fornecidas. A pesquisa é dirigida para produzir resultados empíricos a serem explicados em tal ou qual sistema de categorias, mas não para produzir categorias. Essa situação leva ao paradoxal fenômeno de que as pesquisas não sejam fonte de elaboração teórica, quando deveriam inter-relacionar-se nos complexos processos de conceitualização que pressupõem a abertura de novas zonas de sentido sobre o tema estudado.

A pesquisa qualitativa, apoiada na epistemologia qualitativa, não se orienta para produção de resultados finais que possam ser tomados como referências universais e invariáveis sobre o estudado, mas à produção de novos momentos teóricos que se integrem organicamente ao processo geral de construção de conhecimentos. As categorias universais como esquizofrenia, déficit da atenção, neurose devem representar só um marco relativo para a definição do problema a estudar e dar lugar a um processo diferenciado de produção de conhecimentos que possa nos informar sobre a natureza diferenciada desses processos nos sujeitos concretos, que não podem ser substituídos pelas entidades usadas para definir sua condição; portanto, a pesquisa psicológica tem de entrar nos processos qualitativos de subjetivação das entidades gerais com as quais se identificam certos fenômenos na psicologia.

Além das categorias diferenciadas que se desenvolvem no curso da pesquisa, as quais, apesar de seu caráter singular, são essenciais para a construção dos diferentes eixos teóricos que caracterizam seu curso, o processo de construção de informação necessita de categorias que facilitem a comparação dos diferentes sujeitos estudados em relação aos tópicos similares. Por exemplo, diante da pergunta "como é o cubano atual?", apresentada de forma aberta em nossas pesquisas sobre o estudo de valores em jovens cubanos,[2] cada um dos sujeitos estudados respondeu de forma diferente, o que nos obrigou a desenvolver categorias que permitissem agrupar questões que não se repetem e que surgiam no nível singular, as quais tinham importante significação para o problema estudado e, conjuntamente a elas, desenvolver categorias que nos permitissem registrar as tendências que caracterizavam grupos jovens.

Essas categorias do processo de construção de informação podem responder a idéias prévias que o pesquisador quer desenvolver durante o estudo; no entanto, também podem variar no desenvolvimento da pesquisa, pois a riqueza das respostas dos sujeitos leva à identificação de questões, não só singulares, mas também de comportamento do grupo, impossíveis de prever antes do começo da pesquisa.

## Os processos envolvidos na produção do conhecimento

Historicamente, a construção de conhecimento é associada aos processos de indução e dedução, os quais, embora tenham sido obje-

---

2. Veja-se *Epistemología cualitativa y subjetividad*, EDUC, São Paulo, pp. 353-376.

to de múltiplas interpretações que flexibilizam o sentido que ambos tiveram em suas origens, continuam representando processos ordenados e regulares que expressam uma seqüência linear, dirigida à legitimação de uma afirmação, seja do dado empírico, como a indução, ou da relação entre proposições teóricas, como a dedução. Sem dúvida, o caráter regular e lógico a que se reduz toda afirmação teórica com o uso conseqüente de ambos nos levou a propor o termo de lógica configuracional para dar conta dos complexos e irregulares processos envolvidos com a construção teórica na pesquisa qualitativa.

Tanto a indução como a dedução comprometem o processo de construção teórica com elementos supra-individuais, que atuam de fora em relação aos processos construtivos do pesquisador. No caso da indução, a lógica está subordinada às regularidades da expressão empírica do estudado, enquanto a dedução está subordinada às relações entre as proposições adotadas, as quais, se bem exercidas pelo pesquisador, estão inseridas em um sistema de proposições que não são criadas, mas seguidas por ele.

A lógica configuracional é um processo que não tem só caráter lógico, como a indução e a dedução, que são formas lógicas de seguir duas realidades de naturezas diferentes: a empírica e a proposição conceitual. A lógica configuracional coloca o pesquisador no centro do processo produtivo e se refere aos diferentes processos de relação do pesquisador com o problema pesquisado. A forma como esses processos se articulam entre si na produção do conhecimento depende muito do problema a estudar, assim como do contexto em que é estudado. A lógica configuracional está orientada para definir os complexos processos intelectuais envolvidos no desenvolvimento do conhecimento sobre a subjetividade.

Representarmos o processo de construção do conhecimento como um processo de consistência interna, regulado por suas próprias necessidades, em que o papel ativo do pesquisador ocupa lugar essencial, nos levou a superar aqueles caminhos relacionados aos processos lógicos tradicionais, em que as operações de conhecimento se definem e legitimam por elementos supra-individuais, objetivados em algum sistema externo ao sujeito, seja a *empiria* ou o curso de proposições geradas em nível conceitual.

No entanto, a ciência não é o seguimento do caminho puro e ascético de uma lógica programada nos fatos, ou na mente do pesquisador, como sugerem as alternativas empiristas e racionalistas, mas é um processo complexo que envolve o pesquisador de forma simultânea em diferentes dinâmicas contraditórias, das quais só pode sair por meio da elaboração de opções que lhe permitam atribuir sentido a determinadas áreas dessas dinâmicas, cujo desenvolvimento conduzirá de forma progressiva a outros aspectos do estudado, o que leva ao estabelecimento de uma nova teoria. Como escreveu Feyerabend:

> A história da ciência, depois de tudo, não consta de fatos e de conclusões derivadas dos fatos. Contém também idéias, interpretações de fatos, problemas criados por interpretações conflituosas, erros etc. (1993:3).

A lógica configuracional guarda estreita relação com o lugar que temos outorgado ao pesquisador no processo de elaboração teórica: com ela designamos o processo constante e irregular de produção de conhecimentos, em que o pesquisador não é só um seguidor de regras, mas um sujeito ativo que deve enfrentar um conjunto de opções dentro desse processo, entre as quais definirá o curso de sua produção teórica sobre o objeto. Em 1997, quando introduzimos esse conceito, escrevemos:

> Temos desenvolvido o conceito de lógica configuracional para dar conta dos complexos processos de construção que estão na base da produção de conhecimentos na epistemologia qualitativa. A configuração como processo construtivo é personalizada, dinâmica, interpretativa e irregular, o que nos permite expressar a própria natureza contraditória, irregular e diferenciada que o processo de construção do conhecimento tem (1993:79).

A lógica configuracional se diferencia da indução e da dedução em que está apoiada pelos processos construtivos do pesquisador, os quais não estão determinados por lógicas externas ao curso de seu pensamento, mas pelas necessidades que aquele experimenta durante sua produção intelectual e pelos recursos de que dispõe para expressá-las em cada um dos momentos da pesquisa. A lógica configuracional se caracteriza pela produção teórica do pesquisador ante um conjunto de influências que não expressam uma ordem explícita, entre as quais se encontram suas próprias idéias diante de cada um dos momentos de confrontação com o empírico.

Na lógica configuracional o pesquisador verdadeiramente constrói as diferentes opções no curso da pesquisa. O pesquisador integra o curso irregular e diferenciado das múltiplas informações de que dispõe em sua construção teórica, e essa construção dá sentido a um espaço de informação que se define pela configuração do diverso e que só tem sentido como construção teórica, pois é graças a uma teorização que o pensamento encontra novos momentos para construir o estudado em novas áreas de sentido.

A dicotomia do pensamento que caracteriza nossa cultura enraíza uma separação rígida e estática entre o teórico e o empírico na pesquisa científica. Do nosso ponto de vista, essa divisão é insustentável diante das necessidades de desenvolvimento de nossa ciência. A lógica configuracional integra de forma simultânea as construções do pensamento do pesquisador com os fatos da realidade estudada, os quais aparecem em forma de dados e de indicadores. J. Kincheloe escreveu sobre as características da pesquisa qualitativa:

> A pesquisa qualitativa enfoca a experiência holisticamente, já que os pesquisadores exploram todos os aspectos de uma experiência. Como indivíduos que exploram as situações humanas, devem atender à variedade de fatores que as conformam. As complexidades relevantes da vida escolar, que freqüentemente se perdem para os pesquisadores quantitativos, devem ser atendidas pelos pesquisadores qualitativos em sua busca do holismo (1991:143-144).

Essa imersão do pesquisador na complexidade e diversidade do estudado, para a qual não há regras *a priori* que se possam seguir, é um dos aspectos que queremos sublinhar na definição da lógica configuracional.

A lógica configuracional pressupõe ampliação constante dos elementos relevantes para a construção teórica, os quais aparecem diante do pesquisador de forma imprevista, e é só no curso de sua elaboração, que aquele encontra um sentido para eles em relação aos aspectos estudados que concentram sua atenção nesse momento da pesquisa.

No chamado "paradigma qualitativo", no qual se identifica um conjunto de pesquisadores orientados para os métodos qualitativos, apesar das diferenças, expressa-se uma tendência bastante generalizada de outorgar lugar privilegiado à indução como o procedimento que deve guiar a produção do conhecimento nesse tipo de pesquisa (Taylor e Bogdan, Glasser e Strauss, Lincoln e Guba, Creswell, Quinn Patton e outros). A esse respeito, Quinn Patton escreveu:

> Os métodos qualitativos estão orientados em direção à exploração, ao descobrimento e à lógica indutiva. Um enfoque avaliativo é indutivo se o pesquisador tenta criar sentido da situação, sem impor expectativas sobre o fenômeno ou cenário estudado. A análise indutiva começa com observações específicas e se constrói em direção a padrões gerais. As categorias ou dimensões de análises emergem de observações abertas sobre como o avaliador chega a compreender os padrões do mundo sob estudo. A análise indutiva contrasta com o modelo hipotético-dedutivo dos desenhos experimentais que requerem a especificação das principais variáveis e seus pressupostos antes que a coleta de dados comece (1990:44).

Essa vinculação à indução tenta resolver as contradições do modelo hipotético dedutivo no mesmo nível empírico que aquele privilegia. Tenta-se respeitar o compromisso com os "dados puros" sem deteriorar a relação do pesquisador com os dados pela presença de elementos teóricos, com o qual o enfoque se encaminha para um empírismo radical. Quando subscrevemos a citação de Kincheloe sobre o holismo, compreendemos essa orientação só como expressão da construção teórica. A definição holística em direção à compreensão do objeto implica seguir este em uma variedade de expressões que só pela construção teórica podem ser compreendidas em suas relações.

Empregamos o termo *holístico* como tendência, pois a totalidade como fim é impossível na pesquisa científica. No entanto, a pesquisa qualitativa se caracteriza por sua orientação abrangente, não simplificadora: tudo o que apareça no curso do estudo procura-se integrar em sua relação com o estudado, só que muitos aspectos relevantes da realidade estudada são inacessíveis às rotas críticas definidas pela construção teórica existente.

A necessidade de superar os estreitos marcos da indução e da dedução está presente cada vez com maior freqüência entre os pesquisadores e inclusive tem antecedentes tão remotos como o conceito de abdução na obra de Ch. Peirce. Recentemente, a reflexão sobre os limites dessas categorias cresce entre os pesquisadores com interesse na epistemologia. J. Samaja escreveu:

> Na parte anterior tive oportunidade de mostrar que a solução para a polêmica *dedutivismo/indutivismo* não dá razão a nenhuma das duas correntes tradicionais, mas indica uma superação de ambas mediada pelo emprego de analogias e de um complexo processo de modelação que ocorre consciente ou inconscientemente (1997:158).

A dimensão inconsciente que o autor agrega a esses complexos processos adotamos na definição da lógica configuracional. Esta não representa um processo do qual o pesquisador tem controle absoluto e intencional, mas nela se apresentam operações e jogos de idéias que aquele desenvolve na conjuntura que está enfrentando e que aparecem de forma conceituada só como resultado de uma reflexão epistemológica posterior ao momento em que a operação se desenvolveu. É precisamente a construção teórica dos processos envolvidos na construção do conhecimento um dos principais objetivos da epistemologia.

A lógica configuracional é um dos processos constitutivos essenciais dos processos de construção qualitativa no tipo de pesquisa que propomos; no entanto, é um conceito em desenvolvimento que pode ceder seu lugar a outra categoria que resulte mais adequada para definir os processos envolvidos nessa forma de produção de conhecimento. Como suas principais características, podemos indicar as seguintes:

- A lógica configuracional é um conceito em desenvolvimento, que tem como objetivo expressar os complexos processos que acompanham a produção teórica do pesquisador no curso de uma pesquisa.
- A lógica configuracional é um processo complexo irregular e pluridetermidado. Ela não se expressa em um conjunto de regras que orientam o pesquisador de "fora", mas é um processo envolvido com as necessidades intelectuais do pesquisador diante da realidade complexa que constrói.
- Na lógica configuracional, a emergência de um novo elemento ou idéia no processo de construção do conhecimento pode implicar mudanças essenciais na sua qualidade: os momentos atuais do processo não vêm linearmente determinados por momentos anteriores.
- Na lógica configuracional se combinam, de múltiplas formas, a informação procedente do objeto com as idéias do pesquisador geradas no processo, configurando ambas importantes sínteses de natureza teórica. A lógica configuracional é teórica, enquanto a teoria constitui seu cenário de constituição e desenvolvimento, pelo que se expressa em termos teóricos.
- A lógica configuracional não representa um processo consciente e intencional do pesquisador, mas um processo de onde o pesquisador, de forma criativa, organiza a diversidade do estudado e de suas idéias, em "eixos" de produção teórica que encontram continuidade na construção teórica do assunto estudado.

## A legitimação do conhecimento
## na pesquisa qualitativa

A questão da legitimação do conhecimento é uma preocupação geral de toda ciência, a qual se expressa historicamente associada ao problema da validade do conhecimento. O tema da validade do conhecimento teve sua origem nos conceitos positivistas de pesquisa, nos quais toda afirmação deveria ser validada no momento empírico, ou seja, ser confirmada pelos dados. Entre os pesquisadores qualitativos há posições diferentes quanto ao valor do termo nesse tipo de pesquisa.

Lincoln, Guba e Wolcott, por exemplo, são contra o uso do termo *validade* na pesquisa qualitativa. Lincoln e Guba propõem substituir o conceito de validade pelo de legitimidade do conhecimento. Em geral concordamos com esses autores a respeito de que o termo *validade* não é mais adequado para definir o valor de um conhecimento na pesquisa qualitativa, e se o uso do termo é aceito por alguns pesquisadores, é pelo lugar que ainda ocupa a epistemologia positivista entre muitos dos pesquisadores que adotam o qualitativo no nível metodológico.

Existem autores que tentam dar especificidade ao conceito de validade em uma orientação qualitativa, por exemplo: Cook e Campbell (1979) e Maxwell (1992). Este último afirmou:

> Mas definir tipos de validade em termos de procedimentos, um enfoque geralmente rotulado como instrumentalista ou positivista, não é a única aproximação disponível. A alternativa predominante é um conceito realista de validade, que vê a validade de uma explicação como inerente, não aos procedimentos usados para produzi-lo e validá-lo, mas em sua relação com aquelas coisas que a explicação pretende expressar (p. 281).

As maiores limitações no uso do termo são:

- A validade na literatura psicológica se define por meio dos instrumentos a usar. O instrumento é válido se avalia o que deseja avaliar, o que é congruente com o lugar dado aos instrumentos na metodologia positivista.
- A validade se define de forma direta pela relação entre um constructo teórico e as manifestações empíricas do objeto em estudo. Isto é, a validade se define essencialmente pelo valor empírico do conceito.
- A validade supõe uma relação de linearidade entre qualquer construção teórica e sua definição empírica. Um dos recursos definidos para facilitar a determinação da validade nas pesquisas experimentais e hipotético-dedutivas é a operacionalização.

Apresentam-se conceitos mais atraentes que o de validade para definir a legitimidade ou o valor do conhecimento produzido, como o conceito de *viabilidade* de M. Mahoney, que expressa com relação a esse termo:

> Devemos, então, inferir um mundo muito além de nossas construções, que impõe limites sobre o que trabalharemos e não trabalharemos nesta parte do universo. Esses limites não determinam (ou informam instrutivamente) o conteúdo de nossas construções, mas constituem as fronteiras reais de sua viabilidade (1991:112).

O conhecimento não se legitima por sua correspondência isomórfica e linear com uma realidade externa a ele; se assim fosse, não poderia expressar construções e se reduziria a conceitos descritivos possíveis de serem definidos de forma direta na realidade imediata. O conceito de viabilidade sugerido por Mahoney nos parece interessante, pois não descarta os limites que a realidade impõe ao processo e permite os movimentos inerentes a toda construção teórica.

Em publicação anterior (1997) definimos que a legitimidade do conhecimento se dá quando uma teoria pode avançar na construção teórica do que estuda, conservando sua continuidade e congruência.

Entendemos por continuidade a capacidade da teoria para integrar em seus termos atuais novas áreas de sentido sobre o estudado, e, como congruência, a possibilidade de enfrentar momentos de ruptura conservando sua integridade como teoria, isto é, sua capacidade para assimilar construções novas sem perder sua integridade.

A teoria, como afirmamos anteriormente, não responde só ao objeto que pretende conhecer, mas tem natureza pluridetrminada, da qual participam desde as formas culturais dominantes (em termos de linguagem, representação do mundo e outros) até as necessidades que o desenvolvimento da teoria gera em termos subjetivos da criação humana. A esse respeito, a intenção de legitimar o conhecimento pela relação direta entre os constructos teóricos e a realidade representa um empirismo ingênuo superado pelo próprio positivismo lógico.

A legitimidade do conhecimento produzido não é uma "coisa em si", mas tem a ver com o que representa aquele conhecimento em termos da ampliação do potencial heurístico da teoria, o qual permite acesso a áreas do real que resultavam inacessíveis em momentos anteriores. O conceito de zonas de sentido (González Rey, 1997) nos permite acrescentar um elemento importante à valorização sobre a legitimidade do conhecimento: sua significação para conceituar novas áreas da realidade.

O valor do conhecimento não pode ser julgado pela pretendida correspondência entre suas formas e a realidade estudada, mas por sua capacidade de construção sobre o estudado, que é o que acreditamos que Mahoney pretende indicar com o conceito de viabilidade.

O lugar que temos outorgado à teoria na pesquisa qualitativa exige o desenvolvimento de formas de legitimidade do conhecimento que não tenham dependência direta nem dos instrumentos, nem do momento empírico, pois a própria complexidade dos sistemas teóricos o impede. Hoje, quando a ciência se encontra diante de problemas em face dos quais as construções teóricas são uma condição mais que uma conseqüência, a legitimidade do conhecimento tem de integrar aspectos qualitativos das construções teóricas, que têm significado em relação à realidade estudada.

A legitimidade do conhecimento não pode se definir por um ato de validade, mas no complexo processo de continuidade que caracteriza a produção teórica; portanto, a legitimidade representa um processo de caráter mediato, cuja significação tem maior valor histórico que atual. Assim, a representação sobre a legitimidade da psicanálise é hoje mais clara do que foi em sua própria época, quando conseguiu avançar congruente e continuamente, ainda que não existisse a representação clara dos elementos que justificariam essa legitimidade.

O prejuízo realista de definir a validade do conhecimento só por sua correspondência "objetiva" com o que estuda é substituído por novas formas de valorização que, sob a denominação geral de legitimidade, permitem expressar melhor o valor heurístico de um conhecimento.

A capacidade de uma teoria para gerar novos conceitos que, por sua vez, são geradores de novos problemas e de novas zonas de sentido sobre a realidade é uma expressão do contato entre a teoria e a realidade, a qual com freqüência está muito além da consciência do pesquisador. A realidade entra na teoria não só como expressão da intencionalidade do pesquisador, mas por sua função constitutiva no pensamento humano.

A realidade é constitutiva da subjetividade humana, não podemos seguir identificando-a como dimensão externa em relação à subjetividade. É essa condição do real subjetivado, que caracteriza o conhecimento e lhe permite a subjetivação de novas formas do real, o que leva a novos momentos no desenvolvimento do conhecimento. A capacidade para subjetivar o real, que está dada, entre outras coisas, pela constituição do real na subjetividade, permite ao homem chegar a novos territórios do real, inacessíveis em termos de "dados" objetivos imediatos. Nesse aspecto, o pensamento é uma condição da "objetividade" do conhecimento, e a teoria é o sistema que permite a ação histórica do pensamento humano e é condição do desenvolvimento do conhecimento em níveis crescentes de complexidade.

O pesquisador como sujeito ativo, criativo, que constrói todo o tempo as experiências que enfrenta no processo de pesquisa, faz deste um processo vivo e diferenciado, impossível de ser legitimado na "objetividade" das informações produzidas, pois estas se integram permanentemente no marco teórico diferenciado que se constrói no processo da produção teórica. O lugar do pesquisador na pesquisa qualitativa foi bem conceituado por Guba e Lincoln, que escreveram:

> O pesquisador é em si mesmo o instrumento, as mudanças que resultam da fadiga, modificações no conhecimento, assim como as variações resultantes das diferenças em treinamento, habilidades e experiência entre diferentes "instrumentos", se produzem facilmente. Mas essa perda em rigor é mais que compensada pela flexibilidade, perspicácia e habilidade para construir o conhecimento, que é a competência principal do instrumento humano (1981:14).

Essa ação do que Guba e Lincoln denominam *instrumento humano* torna impossível separar o conhecimento de seu produtor, pelo que sua legitimidade exige outras vias que facilitem a definição do valor do conhecimento como processo, de cuja realidade dependerá a significação da teoria para entrar em áreas de sentido sobre o estudado que inaugurem ou continuem o importante diálogo entre conhecimento e realidade.

A "objetividade" não é uma dimensão definida por relações de correspondência biunívoca entre dois sistemas diferentes: o real, material, e o teórico, subjetivo, mas que é definida por processos constitutivos em que a realidade aparece constituída em termos subjetivos. Isso implica a impossibilidade de subjetivar de forma absoluta o conhecimento como processo, assim como também a impossibilidade de objetivá-lo de forma absoluta, como é a pretensão histórica do positivismo.

Ao reconhecermos as dimensões de congruência e continuidade do conhecimento como formas de legitimidade, reconhecemos que a fonte do conhecimento está na produção teórica; portanto, uma idéia ou construção terá valor heurístico não pelo sistema de dados em que se apóia, mas por sua significação para os processos construtivos envolvidos com o momento atual da produção teórica do pesquisador. Uma idéia é legítima enquanto é capaz de incorporar-se ao curso atual da produção teórica, seja por complementação ou como momento de ruptura. Considerada como momento de ruptura, toda idéia, dado ou indicador, é gerador de novas idéias que, embora conduzam a mudanças parciais no nível macroteórico, representam processos comprometidos com sua continuidade.

A legitimidade se define, então, não por comparações entre idéias diferentes, ou entre idéias e dados, mas pela congruência dos processos que se constituem na construção do conhecimento, que representam sistemas subjetivamente constituídos que integram as diferentes dimensões de produção do conhecimento em uma mesma definição qualitativa, na qual é impossível separar aqueles por sua procedência. O cenário dessa integração constitui a produção teórica.

O fato de que os dados e indicadores se integrem nesse processo de produção teórica representa momentos de confrontação entre esse processo e a realidade estudada, os quais têm importantes efeitos auto-reguladores para o desenvolvimento da teoria. É preciso recordar que este não é um processo que regula a si mesmo por leis próprias que o separam da ação do pesquisador, mas um processo que tem em seu centro o pesquisador como sujeito produtor de pensamentos. O qualitativo é em grande parte definido pela capacidade do pensamento em acompanhar a pesquisa e fazer desta um processo em desenvolvimento, que expresse de forma progressiva a qualidade do pensamento em seu compromisso com a realidade construída, cuja condição objetiva é constituinte da própria produção teórica.

Na literatura sobre pesquisa qualitativa quis-se desenvolver métodos que estão essencialmente comprometidos com uma representação positivista de validade, com vistas a legitimar o conhecimento produzido nesse tipo de pesquisa. Um exemplo, em nossa opinião, são os chamados métodos de triangulação, em que se pretende legitimar o conhecimento produzido por um critério de comparação entre diferentes fontes, o qual privilegia a comparação como critério externo de validação sobre a consistência, continuidade e congruência da própria produção, que seria um atributo referido à qualidade daquela. Em relação à triangulação, Denzim afirmou:

> Pela combinação de múltiplos observadores, teorias, métodos e fontes de dados, os pesquisadores podem esperar superar as preferências intrínsecas que vêm dos métodos individuais, dos observadores individuais e dos estudos teóricos individuais (1970:313).

Pretender chegar à legitimidade por relações de comparação é legitimar as fontes externas que seriam comparáveis a juízes que se colocariam diante dela como uma realidade única, equivalente para todos, em relação à qual se poderiam colocar sobre a base de juízos "objetivos" apoiados nos atributos evidentes do fenômeno comparado. Na nossa opinião, o processo de comparação segue uma lógica totalmente diferente: os pesquisadores seguem caminhos únicos e que não se repetem em sua ação sobre o objeto estudado, e a comparação por meio de pontos de convergência que se manifestam no curso desse processo. A comparação é resultante de processos de construção que seguem cursos diferentes, não é a origem desses processos.

Quinn Patton assinalou quatro tipos de triangulação que, segundo ele, "contribuiriam para a verificação e a validação do material qualitativo" (1990:464). São eles:

- A triangulação de métodos, que se apóia na consistência dos achados produzidos por diferentes métodos de coleta de dados.
- A consistência entre diferentes fontes de dados com o mesmo método, que seria a triangulação das fontes.
- O uso de múltiplos analistas para revisar os achados, que seria a triangulação de analistas.
- O uso de diferentes perspectivas ou teorias para interpretar os dados, que seria a triangulação teoria/perspectiva.

Embora a comparação possa ser um dos critérios que usamos no desenvolvimento de nossas posições, mais que em sua avaliação, não pode converter-se em critério central para a produção qualitativa, e muito menos para a legitimação do conhecimento produzido. A própria consistência que os métodos nos oferecem resulta impossível de ser definida pela comparação entre seus resultados, pois não se produz pela comparação de dados procedentes de instrumentos diferentes, mas pela capacidade do pesquisador em produzir indicadores que, sem ser comparáveis, resultam compatíveis com o momento atual da construção teórica.

Uma crítica similar pode ser feita a cada uma das formas de triangulação sugeridas pelo autor; assim, a triangulação entre os analistas é impossível, pois a informação procedente do objeto analisado à qual atribuem significado não é homogênea. Como definimos no conceito de indicador, a referida informação se constitui em unidade indissolúvel com a informação produzida pelo pesquisador, a qual se constitui pelo momento atual de suas idéias em relação ao problema pesquisado, sua posição filosófica, e pelas idéias que desenvolveu no processo de produção da informação, entre outros elementos. Definir a triangulação como via para legitimar o conhecimento produzido pela pesquisa significa legitimar a coleta de dados como produção de informação asséptica, sobre a qual outro pesquisador pode opinar de igual forma, sem que importe seu vínculo com os dados a serem analisados.

A triangulação supõe considerar a massa de dados como uma entidade objetiva, em relação à qual qualquer pesquisador, independentemente do tipo de relações que tenha tido com aquela, pode opinar em igualdade de condições, isto é, toda pessoa pode emitir um juízo objetivo sobre o que se lhe apresenta. Assim, a legitimidade do produzido se determina pela coincidência do juízo entre pesquisadores. Aqui, embora por um procedimento diferente, que se associa ao qualitativo por seu envolvimento com a opinião dos participantes, se mantêm os princípios da epistemologia positivista na determinação da legitimidade do conhecimento. Entre esses princípios iremos destacar os seguintes:

- O conjunto de dados é considerado informação objetiva, cujo valor para a pesquisa é independente dos juízos do pesquisador, pois, se essa informação estivesse comprometida com juízos e valores, perderia sua compatibilidade mediante observadores diferentes.
- Os pesquisadores se colocam a partir de uma posição externa em relação aos dados produzidos. Conserva-se a cisão sujeito-objeto, dominante na epistemologia positivista.
- Pretende-se chegar a uma conclusão final objetiva sobre o valor dos dados, a partir da coincidência dos juízos emitidos por diferentes pesquisadores, o que implica a definição da objetividade dos dados pelas coincidências entre os juízos emitidos pelos diferentes observadores, portanto a dimensão em que os dados se legitimam é uma dimensão observável, não construtiva. Situar os dados só na dimensão do observador leva à impossibilidade de legitimar formas não-observáveis de conhecimento, às quais nunca se poderia chegar pelo consenso.

Imaginem Freud ou Vygotsky buscando consenso para as suas construções teóricas. Nenhuma idéia nova é aceita no momento em que surge porque está muito além dos marcos subjetivos dos sujeitos da época. A busca de consenso pressupõe não só o caráter "objetivo" da informação, mas a identidade das estruturas cognitivas dos pesquisadores.

Pretender a triangulação dos métodos por sua consistência em relação aos dados produzidos é uma inconsistência em termos de construção teórica, pois a consistência da informação produzida pelos instrumentos aparece como uma construção que não se revela pela coincidência entre os dados produzidos. Assim, a construção de indicadores pressupõe o seguimento de uma informação por meio de diferentes instrumentos; no entanto, o pesquisador opera nesse processo com informação indireta e implícita, que adquire significação só nos termos da construção teórica, a qual nunca poderia considerar-se consistente na linguagem dos dados.

Deixamos para o final de nossa avaliação a última das propostas de triangulação apresentadas por Quinn Patton, a qual nos revela com maior clareza sua posição empirista: a triangulação teoria/perspectiva, que pressupõe a comparação das avaliações procedentes de diferentes marcos teóricos sobre os dados analisados. Essa proposta perde de vista que os dados são gerados a partir de perspectivas teóricas e que estão indissoluvelmente associados com os marcos de significação teórica que permitiram sua aparição.

O reconhecimento dessa forma de triangulação pressupõe a possibilidade de que diferentes aproximações teóricas possam coincidir a partir da objetividade indiscutível da informação apresentada, o que implica ignorar que essa informação é, desde seu aparecimento, um produto teórico que terá significação diferente segundo marcos teóricos diferentes. Sobre esse ponto, Kincheloe e McLaren escreveram:

> Kincheloe (1991) argumenta que as vias pelas quais analisamos e interpretamos os dados empíricos são condicionadas pela maneira como estes se estruturam teoricamente. Esse processo dependerá também das posições ideológicas do pesquisador. Os dados empíricos resultantes de qualquer estudo não podem ser tratados como simples fatos irrefutáveis, representam suposições ocultas, que devem ser extraídas e expostas pelos pesquisadores críticos (1994:144).

A definição da legitimidade do conhecimento não pode estar associada a definições quantitativas se nos separamos daquelas no momento de produzi-lo; portanto, devemos buscar outras vias para avaliar a legitimidade. É nesse esforço que podemos considerar a definição de viabilidade apresentada por Mahoney, assim como os critérios de congruência e continuidade que expressamos em nosso trabalho: ambos estão orientados para avaliações qualitativas desse processo. A produção de teorias é um processo essencialmente qualitativo, impossível de ser mensurado. As teorias científicas são produções culturais que escapam a toda tentativa de redução tecnocrática, como evidencia a superação da epistemologia quantitativa nas ciências sociais.

## Diferentes formas de análise e processamento da informação na pesquisa qualitativa

À medida que as pesquisas qualitativas se multiplicaram, começou a proliferar um conjunto de vias para a análise e o processamento da informação produzida nelas, as quais denunciavam a mesma confusão epistemológica que ainda hoje aparece nesse tipo de pesquisa. Da mesma maneira que no caso das formas de legitimação do conhecimento, na definição das vias de análise e do processamento da informação se expressam fortes reminiscências da epistemologia positivista em relação à busca da "objetividade" da informação.

Uma das formas mais antigas e mais usadas na análise e processamento de conteúdos abertos e pouco estruturados é a análise de conteúdo, técnica que se apóia na codificação da informação em categorias para dar sentido ao material estudado. A análise de conteúdo, tal como é considerado tradicionalmente, apresenta a dificuldade de que a codificação trabalha com informação evidente e leva a uma taxonomia de categorias substitutivas da riqueza do material analisado, que resultam reificadas pelo pesquisador e se comportam como um código objetivo e estático, que está na base das operações desenvolvidas pelo pesquisador.

A análise de conteúdo representa um momento analítico no processamento da informação e nesse sentido se interpõe no curso fluido dos processos de construção teórica do pesquisador que acompanham e são parte da qualidade da informação produzida pela pesquisa. A esse respeito, Navarro e Díaz, que defendem a análise de conteúdo (AC), assinalaram:

> Boa parte das teorias interpretativas "fortes" se mostram frágeis ao uso das técnicas de AC. Isso porque, como já se apontou, essas teorias se movem em uma dinâmica texto-interpretação, em que qualquer interposição como a representada por AC corre o perigo de ser considerada mais um estorvo que uma ajuda. Efetivamente, a relação interpretativa direta com o texto outorga ao pesquisador uma

insuperável liberdade hermenêutica. O problema é que o preço dessa liberdade deve ser pago, demasiado freqüentemente, em termos de rigor. Introduzir entre o nível da superfície do texto e o nível interpretativo um plano propriamente analítico: ou, o que é o mesmo, entrar em uma dinâmica texto-análise-interpretação supõe uma diminuição considerável da liberdade interpretativa quase onipotente. Dito de outra maneira: implica forte restrição no conjunto de interpretações possíveis de acordo com a teoria (1991:181).

Nessa defesa da análise de conteúdo ficam claros os pressupostos epistemológicos compartilhados por seus autores. Legitimam o curso da AC em nome do rigor, referente ao material empírico e não ao rigor das operações interpretativas nos marcos do processo construtivo do qual formam parte – o qual implica o enfoque teórico adotado – os processos intelectuais do pesquisador no desenvolvimento de suas interpretações e as formas complexas de relação entre a interpretação e o estudado, como ocorre, por exemplo, no processo de construção de indicadores.

A AC constitui uma forma de centrar a interpretação naqueles aspectos do texto suscetíveis de ser codificados em termos de análise, o que impede a utilização de elementos singulares, implícitos e indiretos, os quais só podem ser definidos como momentos da construção teórica. A identificação desses aspectos nunca aparecia como momento universal e objetivo do texto, pois o significado daqueles elementos não está no texto de forma independente, mas tem de ser construído pelo pesquisador.

O marco epistemológico positivista de que partem os mencionados autores em sua defesa da AC resulta claramente explícito na mesma publicação, quando afirmam:

...o pesquisador deve consolidar suas intuições teóricas iniciais em um duplo movimento: por um lado, deverá formular essas intuições por meio de um conjunto de *hipóteses contrastáveis*; por outro, terá de estabelecer o instrumental metodológico mediante o qual se dispõe a extrair e interpretar a evidência empírica capaz, eventualmente, de corroborar essas hipóteses (p. 191, sublinhado nosso).

Nessa citação expressa-se com clareza o enfoque instrumentalista e verificador dos autores em relação à pesquisa científica, o qual é parte do transfundo epistemológico que acompanha em geral as formas tradicionais e mais extensas da análise de conteúdo na pesquisa social.

A análise de conteúdo considera o texto objeto, conteúdo externo ao pesquisador, quem pode ter acesso objetivo a este por meio das técnicas empregadas na análise. A AC constitui um procedimento analítico, orientado para dar sentido ao estudado por meio de unidades parciais que fragmentam o objeto, as quais se integram posteriormente em um processo de interpretação condicionado pelo tipo de "unidades objetivas" definidas na análise. Rodríguez Sutil expressou acertadamente em relação à análise de conteúdo:

> ...a derivação do triunfalismo ou absolutismo qualitativista em direção a modelos de formalização perfeitamente fechada e (supostamente) auto-suficientes, como garantia de uma pretendida cientificidade, conclui denunciando – pensam alguns – a característica específica do enfoque qualitativo enquanto abertura à multidimensionalidade (inesgotável) do social real. E compartilha também com o absolutismo quantitativista um mesmo estéril simulado do rigor metodológico científico-natural sem conseguir produzir, por sua vez, mais que abstrações vazias, sem importância para a práxis de intervenção social (1991:88).

A análise de conteúdo se especializou extraordinariamente a partir de princípios dos anos 80, em que surgiu uma série de programas de computação dirigidos a tipos de análises qualitativos, entre os quais temos o ETHNO (versão 2), o ETAMORPH, o ETNOGRAPH, o LIPSQUAL e outros, todos destinados ao processamento de informação qualitativa. Na década de 90 surgiram outros programas ainda mais sofisticados; no entanto, vemos todos eles como complementares em relação ao processo essencial de construção da informação, que é conduzido pelo pesquisador no curso não-repetível da pesquisa.

A análise de conteúdo, no entanto, pode ser orientada para a produção de indicadores sobre o material analisado que transcendam a codificação e o convertam em um processo construtivo-interpretativo. Essa forma de análise de conteúdo é aberta, processual e construtiva e não pretende reduzir o conteúdo a categorias concretas restritivas.

Apesar de conhecermos a conotação que o termo tem na literatura, mantemos o emprego da expressão análise de conteúdo com uma conotação construtivo-interpretativa, pois as formas que se apresentam como alternativas ao processo de análise de conteúdo (a análise de discurso e a narrativa) tampouco se ajustam ao tipo de construções que desenvolvemos. A análise narrativa foi uma opção para o estudo dos significados produzidos pelas relações entre as pessoas dentro de seus contextos de vida, o qual se desenvolveu com força a partir da segunda revolução cognitiva (Bruner) em diferentes campos da psicologia (R. Harre, M. White etc.).

Bruner estabelece um conjunto de diferenças entre o pensamento paradigmático e o narrativo, entre as quais atribui ao paradigmático uma linguagem que descreve um mundo de fatos, de entidades, enquanto o narrativo usa um modo subjuntivo de construção, que permite a integração dos estados subjetivos do pesquisador. Outra diferença importante na repercussão de ambos na epistemologia da psicologia é que o pensamento paradigmático representa uma forma explícita de raciocínio, enquanto o narrativo incorpora um conhecimento não-falado, implícito na narração (Bruner, 1986).

A análise narrativa incorpora à construção psicológica o valor da linguagem, o qual deixa de representar um conjunto de categorias reificadas e se reassume como um sistema subjetivado, definido nas relações e no contexto em que a pessoa se expressa. A narração está mais próxima da significação cotidiana da linguagem, com sua flexibilidade, frescor e abrangência, que da linguagem constritora que caracterizou o pensamento científico no positivismo. No entanto, o uso da narrativa na pesquisa científica tem ainda grande número de indefinições que são reconhecidas por diferentes autores e que limitam sua utilização. Assim, Manning, Cull e Swan afirmaram:

> Em boa medida, a análise narrativa está vagamente formulada, quase intuitivamente, usando termos definidos pelo analista (veja-se Riessman, 1993). A análise narrativa adquire a perspectiva do relator, mais que a da sociedade (1994:465).

Em uma versão mais radical da narrativa que a expressa por Bruner, mais similar às propostas de Harre, a narrativa é adotada pelo construcionismo social (Gergen, Shotter, Ibáñez e outros) para quem aqueles conceitos tradicionalmente relacionados a si mesmo e à constituição do intrapsíquico são deslocados para o domínio público e compreendidos como discursos socialmente constituídos nos sistemas sociais de interação: o que a ciência produz em suas construções é, por sua vez, socialmente construído. Essa posição do construcionismo, que já criticamos em trabalhos anteriores, embora reivindique uma dimensão do conhecimento, que de fato é reivindicada nas formas de análise narrativa – a significação da linguagem como sistema socialmente construído –, termina convertendo o cenário das práticas discursivas no único objeto da ciência, o que leva a uma nova forma de reducionismo, nesse caso de caráter social.

O caráter ativo, criativo e diferenciado do sujeito individual, que para nós representa um momento constitutivo e constituinte do social, desaparece, tanto como elemento da trama social quanto em sua posição de sujeito da produção de conhecimento. A própria atividade do conhecimento é reduzida a uma negociação entre os atores, na qual a criatividade, a força e o compromisso que diferenciam esses atores desaparecem do cenário. A dialética complexa do social e do individual é ignorada pelo construcionismo em todos os domínios da vida humana, o que, mais que levar à compreensão da subjetividade, a substitui pela linguagem produzida nos sistemas de relações.

A análise narrativa não deixa claro, em um plano metodológico, as formas como as perspectivas do relator se relacionam com o problema que relata, o que é uma questão epistemológica que não pode ser ignorada em uma proposta alternativa ao positivismo. A diferença no uso da narrativa e do discurso é outra questão que surge com pouca clareza na literatura. Com freqüência chama-se de discurso a qualquer expressão analisada nos sujeitos estudados, o que leva a uma profunda confusão metodológica que não contribui ao ulterior desenvolvimento do tema. Sobre a confusão reinante no uso desses termos, K. Murray escreveu:

> Aqui temos de escolher entre os espaços para localizar a narrativa em uma vida individual. Uns a consideram como espaço mental que serve ao progresso de um indivíduo através do mundo; enquanto outros a concebem como parte do mundo mesmo (...)
> Há uma razão importante pela qual essa decisão não deve ser tomada prematuramente. Uma vez que a narrativa é vista como constitutiva da realidade social, perde-se seu lugar como domínio específico de significação. O desafio para compreender como a narrativa se incorpora dentro da construção social é identificar sua relação com o que não é narrativa. Sem essa antítese, enfrentamos a ameaça de *sic nulla omnia*: quando a narrativa é tudo, é nada (1995:187).

Essa ameaça que o autor denuncia está presente no momento atual, quando grande número de pesquisadores sente a necessidade de encontrar um caminho alternativo ao positivismo, mas não dispõe de opções claras; o que em determinadas ocasiões leva à afiliação imitativa àquelas alternativas que encontram espaço na literatura, como a análise da narrativa e a análise do discurso, vulgarizadas por seu uso indiscriminado. A categoria discurso é objeto de usos e definições diferentes dentro das ciências sociais, o que a coloca entre as mais polissêmicas da literatura social.

O termo *discurso* é objeto de diferentes definições, porém, na mais ampla, de forte influência estruturalista, é considerado uma seqüência estruturada de expressões semióticas que se articulam como um todo dentro do sistema discursivo, de natureza supra-individual. Nessa visão, a análise do discurso se centra nele como texto, mais que como processo irregular que se constitui nas relações sociais. Dentro dessa visão, que identificamos com a psicologia dialógica e o construcionismo social, o discurso está sujeito aos processos de relação em que aparece. Nesse sentido, R. Harre descreve o discurso como:

> "Uma seqüência estruturada de atos intencionais, que empregam sistemas de signos; por exemplo, a linguagem ordinária que, a princípio, é produzida conjuntamente. Não existe tal coisa como a produção individual dos atos intencionais; todos são produzidos conjuntamente" (1995:146).

Tanto a versão dialógica e construtivista do discurso, como suas formas estruturalistas têm em comum a negação do sujeito individual, que é visto como uma "voz" do discurso, mas não como instância ativa na sua produção. A esse respeito, Billig afirmou:

> Portanto, se alguém trata a análise do discurso com o objetivo de descobrir as atitudes reais que estão por trás da atitude falada, as memórias reais por trás da memória falada ou as emoções reais por trás da emoção falada, pode fazer uma pesquisa qualitativa interessante; mas não faz análise de discurso (1997:43).

Nessa citação se explica uma das razões pelas quais não identificamos os processos que propomos para a análise qualitativa da informação com a análise do discurso.

O discurso, como sistema organizado de natureza semiótica, constitui-se em entidade externa ao pesquisador, que o "descobre" com o uso de técnicas, que podem ser sofisticadas como as usadas na análise de conteúdo, ou ter um caráter mais participativo e dialógico, como as utilizadas por Billig, Potter e outros. A análise do discurso é uma forma de penetrar as estruturas simbólicas que configuram a vida cotidiana das pessoas em contextos reais.

Embora os autores com uma visão construcionista afirmem que o discurso é socialmente construído, no nível metodológico, predomina a análise estruturalista, em que o discurso se converte em uma entidade supra-individual e objetiva em relação ao processo de conhecimento, com um lugar similar ao outorgado à realidade no empirismo, só que nesse caso é uma realidade semiótica (Foucault, Pecheaux). Os indivíduos se tornam entidades vazias que aparecem como "vozes" dos discursos nos termos usados por Bakhtin.

O discurso tem múltiplas definições e é trabalhado a partir de diferentes aproximações teóricas, o que é causa de dúvidas e imprecisões. A psicologia discursiva, a dialógica, a sociocultural e o construcionismo usam o termo discurso concebido de maneira diferente a partir de cada uma das escolas. Assim, citamos como exemplo R. Harre, que, a partir de uma perspectiva da psicologia social discursiva, argumentou: "Bem, o que é um processo discursivo?; é uma seqüência estruturada de atos intencionais que empregam sistemas de símbolos, por exemplo, a linguagem ordinária que, a princípio, é produzida conjuntamente" (1995:146).

O uso de símbolos e do discurso tem em Bakhtin uma conotação fortemente objetivista: a base do uso do discurso na psicologia sociocultural. Ele escreveu:

> As relações de produção e a estrutura sociopolítica que se origina diretamente dela determinam todos os contatos verbais possíveis entre indivíduos, todas as formas e meios de comunicação verbal: no trabalho, na vida política, na criação ideológica. Por sua vez, das condições, formas e tipos da comunicação verbal se originam tanto a forma como os temas dos atos de linguagem (...) A psicologia do corpo social se manifesta essencialmente nos mais diversos aspectos de "enunciação" sob a forma de diferentes modos de discurso, sejam eles interiores ou exteriores. Esse campo não foi objeto de estudo até hoje. Todas essas manifestações verbais estão, por certo, ligadas aos demais tipos de manifestações e interações de origem semiótica, a mímica, a linguagem gestual, os gestos condicionados etc. (1997:42).

O determinismo que Bakhtin estabelece entre as estruturas de produção e sociopolíticas e as formas verbais possíveis entre os indivíduos reduz estes a simples portadores de influências externas, o que leva a um círculo vicioso onde o indivíduo, definido e "prisioneiro" nas macroestruturas político-econômicas da sociedade em que vive, jamais poderia ser um sujeito ativo da mudança social. Bakhtin, utilizando uma instância subjetiva – os símbolos –, termina objetivando-a sobre as bases que a definem e negando os processos inerentes da subjetividade social; os quais, em primeiro lugar, não são só de natureza semiótica e, em segundo, não estão determinados de forma linear pelas estruturas macroeconômicas e políticas, posição que expressa um reducionismo economicista e objetivista.

O discurso é, então, no lugar que Bakhtin lhe outorga, uma via na busca da objetividade dos processos sociais. A diferença do uso que lhe deram alguns pesquisadores à narrativa, em seus primórdios, na análise do discurso todo está contido no próprio discurso, reificado como a realidade social. Essa crítica nos lembra a interessante reflexão de S. le Bon em relação ao conceito de *episteme,* de Foucault, em seu trabalho *Un positivista desesperado: Michael Foucault,* no qual escreveu:

> Que uma ciência, ou várias, se desenvolvam sobre seu fundamento, que consigam bons resultados ou que fracassem, esses incidentes superficiais não mudarão um ápice o sistema, fechado desde sempre. Assim é, assim será e tem sido sempre: essa é a *episteme.* "Um espaço de saber" que foi disposto de uma vez e que, se desaparecer, o fará igualmente de uma vez. Não se pode lhe agregar nada, nem tampouco tirar-lhe nada; só o sistema em sua totalidade pode despencar. A arqueologia de Michael Foucault é, em seu princípio mesmo, um positivismo (1992:100).

Notamos certa analogia entre esse tratamento sobre a *episteme* e o discurso de Foucault, nos representantes da tendência estruturalista da análise do discurso: o indivíduo está preso na estrutura do discurso da mesma forma que o conhecimento está preso na estrutura da *episteme*. O conhecimento em suas diversas formas está condenado a se expressar nos termos da *episteme* dominante e não terá nenhuma significação na modificação daquela. O indivíduo, de forma similar, está condenado a ser portador de um discurso que o transcende e sobre o qual não terá nenhum poder de modificação. Existe uma realidade onipotente como causa suprema da ação humana, que está muito além da própria ação.

M. Bakhtin, embora não seja um expoente da tendência estruturalista, vê o indivíduo submetido à organização discursiva dominante em que se organiza o tecido social, o que o leva a ignorar o lugar do indivíduo como sujeito, posição que também é compartilhada pelo construcionismo social.

Das opções para a análise e a construção da informação na metodologia qualitativa, nenhuma nos satisfaz; motivo pelo qual em nosso livro *Epistemología cualitativa y subjetividad* preferimos adotar o termo "análise de conteúdo", estabelecendo com clareza as diferenças entre o que fazíamos e a forma tradicional em que essa categoria havia sido usada na literatura. No entanto, o certo é que mantemos o termo para expressar um processo que não representa uma análise e que, por outro lado, tampouco está orientado a um conteúdo que possa ser separado dos processos construtivos do pesquisador.

Cremos que o discurso é uma categoria que permite o acesso a processos de significação que, portadores de uma forte conotação ideológica, são constitutivos das estruturas de sentido subjetivo da subjetividade social. A análise de discursos nos dá acesso a um momento da realidade social implícita nos processos de subjetivação em cada realidade social concreta. No entanto, o discurso não esgota a riqueza da vida social e, portanto, não pode constituir a única via de produção de informação sobre ela. Por outro lado, a análise do discurso não permite produzir conhecimento sobre a subjetividade individual, que não representa para nós simplesmente o discurso interiorizado.

O processo de pesquisa da subjetividade humana tem de responder ao desafio de estudar esta, de forma simultânea, em seus dois momentos constitutivos – o individual e o social; os quais, por sua vez, são constituintes e constituídos, um em relação ao outro, em suas relações recíprocas. Nesse esforço, nem a subjetividade social, nem a individual podem ser analisadas como processos homogêneos que pudessem ser estudados completamente em um mesmo nível de expressão humana, como poderia ser o discurso.

A afirmação anterior nos coloca em uma perspectiva metodológica que exige a produção de sistemas abertos de indicadores, que nos informem simultaneamente sobre os dois níveis de constituição subjetiva, rompendo assim a fragmentação a que conduz a definição de instrumentos específicos e diferentes para o estudo do indivíduo e dos processos sociais.

Nem a análise do discurso, em que o discurso é de certa maneira reificado como a realidade social, nem a análise narrativa, em que a perspectiva do relator com freqüência se expressa de forma demasiadamente livre ou arbitrária, poderiam representar uma opção metodológica única diante das necessidades atuais da pesquisa psicológica.

Tanto a análise narrativa como a análise do discurso são tratadas como realidade em si nas tendências pós-estruturalistas que têm sido muito influentes no desenvolvimento do pensamento pós-moderno: o texto, no caso da narrativa, e o discurso têm sido tratados como fins em si mesmos, os quais não expressam nada além de sua própria organização e estrutura. Em uma análise sobre o estruturalismo, Gergen afirmou:

> Uma vez que as chamadas "narrações objetivas" são conduzidas não pelos acontecimentos, mas por sistemas estruturados (sistemas internos de significado, forças inconscientes, modos de produção, tendências lingüísticas inerentes e similares), é difícil determinar em que sentido as exposições científicas são objetivas (...) Queriam estabelecer afirmações objetivas sobre a estrutura determinante: o inconsciente, a gramática universal, as condições materiais e econômicas, e assim sucessivamente. Lentamente, no entanto, o vínculo teórico se volta contra essa proposição. Talvez o ponto central

na volta até o pós-estruturalismo proveio do fato de dar-se, autoreflexivamente, conta de que as exposições da estrutura eram em si mesmas de natureza discursiva. Se o discurso não está dirigido por objetos no mundo, mas por estruturas subjacentes, e se as exposições dessas estruturas também estão consolidadas na linguagem, então, em que sentido essas exposições cartografam a realidade das estruturas? (1996:60).

Seja na versão materialista proposta por Bakhtin ou na versão idealista do pós-estruturalismo e pós-modernidade, o discurso ocorre como fim em si mesmo e como único cenário possível da construção científica; o que, no caso de Bakhtin, nos leva à identificação do discurso com a realidade objetiva e o coloca como via de acesso a uma "verdade" que está fora dele e que supõe sua universalização como via metodológica; enquanto no pós-estruturalismo e na pós-modernidade, o discurso aparece como fim em si mesmo. Em ambos os casos o discurso é a realidade final que concentra o trabalho das ciências sociais.

Em nosso trabalho não temos a expectativa de encontrar só discursos de certa universalidade que expressem a realidade social estudada; mas descobrir formas diversas de subjetivação da vida social, constituídas na história diferenciada de seus protagonistas e cujo estudo nos leva a construções sobre processos de subjetivação social sobre os quais não tínhamos a menor idéia ao começar a pesquisa. Esses processos não resultam identificáveis em categorias universais como a de "discurso".

Os processos complexos e simultâneos da realidade estudada, a que se multiplica em suas aparências ante nossas opções teóricas, conduzem a uma compreensão diferente da pesquisa científica nas ciências antropossociais, que a define como processo de complexidade progressiva, onde as zonas de sentido geradas pela pesquisa são acompanhadas pela proliferação constante de "espaços sem sentido", que levam à multiplicação dos desafios para a construção teórica. Retomamos o termo construção, não para dar conta de um processo que pode ser conduzido pela aplicação de um conjunto de regras fixas e *a priori* sobre o material estudado, mas para significar um processo aberto e irredutível a qualquer das categorias de que dispomos para dar-lhe sentido. Isso supõe uma complexa inter-relação entre os processos teóricos gerais que acompanham nossas ações na pesquisa, e as construções teóricas que produzimos no momento empírico, as quais não se podem derivar de receitas gerais a partir de nossa posição teórica.

A dialética entre processos construtivos de diferentes níveis representa um dos processos essenciais e menos estudado na metodologia de pesquisa. Tenta-se resolver essa complexa relação pela redução de um dos momentos ao outro, ou seja, tratando de fazer homogêneos os fatos que aparecem no curso da pesquisa em um conjunto de categorias gerais, relativamente reduzidas, do marco teórico *a priori*, ou negando o lugar do marco teórico geral para a produção teórica no momento empírico. Um exemplo da primeira tendência constitui a maior parte das teorias universais que pretenderam dar conta da realidade humana em uma versão final, como a psicanálise ou a psicologia cognitiva, enquanto um exemplo da segunda tendência constitui a *grounded theory*.

Em relação às tendências descritas, um conjunto de autores é particularmente crítico com as conseqüências que elas trazem para a construção do conhecimento psicológico. Nesse ponto, K. Gergen, um dos autores que expressaram uma crítica muito sugestiva dos marcos epistemológicos que caracterizam a psicologia, afirmou:

> Na psicanálise, por exemplo, quem a exerce demonstra ter uma capacidade extraordinária para aplicar um léxico restrito de descrição a um leque de ações insólito e sempre mutável. Apesar das vicissitudes das trajetórias vitais, todos os sujeitos analisados podem ser caracterizados como "reprimidos", "conflitantes" e "defensivos" (1996:52).

Essa tendência é característica na aspiração de quem postula teorias que possuem uma "verdade" capaz de explicar de forma universal as diferenças individuais, o que constitui um ideal de inspiração positivista enraizado nas diferentes tendências do pensamento psicológico. Gergen questiona esse ideal negando toda ontologia relacionada ao psíquico, enquanto nós o questionamos na busca de uma opção para a construção de uma ontologia diferente: a subjetividade.

O que denominamos lógica configuracional, ao definirmos os processos da produção do conhecimento no marco teórico apresentado neste livro, é acompanhada de uma forma de análise igualmente irregular e contraditória e que constitui um processo aberto mais que um conjunto de regras para serem aplicadas em todos os sujeitos. As construções teóricas parciais e específicas, geradas em diferentes direções da pesquisa científica, se relacionam entre si nos processos gerais e mediatos que caracterizam o marco teórico geral.

Em um mesmo protocolo de pesquisa avançamos no conhecimento do sujeito estudado e simultaneamente nos complexos processos de subjetivação da realidade social em que vive. Os processos de produção de conhecimento sobre as subjetividades social e individual são interdependentes: não representam metodologias separadas, embora em momentos se apresentem exigências específicas para o desenvolvimento do conhecimento sobre cada um.

O processo de construção de informação a partir de indicadores aparece como específico em cada um dos fenômenos estudados, nos quais se diferencia dos procedimentos padronizados utilizados tanto na análise de conteúdo como na análise do discurso. Em nosso livro *Epistemología cualitativa y subjetividad* apresentamos estudos de casos, em cuja elaboração demonstramos a articulação dos conhecimentos simultâneos sobre a subjetividade social e individual que se entrelaçavam em cada caso.

Damos grande importância ao estudo de casos como procedimento geral da pesquisa qualitativa. Esse estudo representa uma ferramenta privilegiada para o acesso a uma fonte diferenciada que, de forma única, nos apresenta simultaneamente a constituição subjetiva da história própria (subjetividade individual) e uma forma não-repetível de subjetivação da realidade social que ao sujeito coube viver.

O estudo de casos tem com freqüência um lugar secundário ainda na metodologia qualitativa, pela cosmovisão epistemológica ainda dominante nela. Sobre a aceitação do estudo de casos na pesquisa qualitativa, R. Stake escreveu:

> A unicidade, particularidade, diversidade não são universalmente amadas. O estudo de casos sofre porque algumas vezes é apresentado por pessoas que têm menos implicação pelo estudo do particular (Denzin, 1989; Glasser e Strauss, 1967; Herriot e Firestone, 1983; Yin, 1984). Muitos cientistas sociais escrevem sobre o estudo de casos como se o estudo intrínseco de um caso particular não fosse tão importante quanto os estudos para obter generalizações relacionadas à população de casos (1998:91).

A importância atribuída ao estudo de casos deriva dos pressupostos epistemológicos associados a outra série de definições como as relacionadas à legitimidade do conhecimento e à generalização. O estudo de casos foi objeto de recusa por associar-se à definição quantitativa do individual, para que o indivíduo é a unidade da espécie, é uma exceção irrelevante para o todo, que não permite produzir generalizações sobre a espécie estudada. No entanto, quando em lugar de associar o indivíduo à condição unitária de quantidade, o vemos definido na condição qualitativa de singularidade, em que aparece como expressão diferenciada e única de uma qualidade em processo de estudo, o estudo de casos adquire uma conotação diferente.

Definimos o estudo de casos como um momento inescusável para a produção teórica na psicologia. O estudo do caso singular adquire seu valor para a generalização pelo que é capaz de apostar na qualidade do processo de construção teórica, não por seu valor em termos de quantidade. Essa afirmação é a expressão de uma compreensão diferente do conceito de generalização, em relação àquela que domina a pesquisa positivista. No próximo capítulo entraremos em detalhes acerca da diferença entre ambos os conceitos.

Os procedimentos que utilizamos na análise e na produção de

informação se organizam ao redor do estudo de caso, ao qual outorgamos lugar central na pesquisa qualitativa, pois é por meio dele que se expressa a tensão permanente entre o individual e o social, momento essencial para a produção de conhecimentos sobre ambos os níveis de constituição da subjetividade. Uma vez que superamos o dualismo teórico entre o individual e o social, temos de superar o dualismo metodológico que contribui para a separação mecânica entre ambas as instâncias.

A pluralidade dos instrumentos, o desenho flexível dos diferentes momentos da pesquisa e os supostos sobre os quais nos apoiamos para a definição da legitimidade do conhecimento, todos eles representam um fundamento explícito para o lugar que outorgamos ao estudo de casos na construção do conhecimento psicológico. O conceito de indicador, em contraste com o conceito tradicional de dado, pressupõe uma representação diferente do processo de construção do conhecimento, em que aquele é um processo diferenciado que consegue sua integração como momento da construção teórica.

O indicador se legitima na qualidade integral do estudado, não como entidade abstrata portadora de um valor geral suscetível de converter-se em unidade de comparação entre qualidades diferentes. Dessa forma é adotado o dado na epistemologia subjacente à pesquisa quantitativa, em que as conclusões são apoiadas em critérios de quantidade.

A ressignificação do lugar da teoria na pesquisa conduz também à ressignificação dos processos de análises e construção da informação comprometidos com a pesquisa.

Os processos comprometidos com a produção de conhecimentos não representam procedimentos padronizados, e com freqüência automatizados, mas localizados no jogo da produção intelectual do pesquisador e da produção de indicadores, no processo aberto que caracteriza o curso da pesquisa. Como exemplo, citamos todas as pesquisas que desenvolvemos nos últimos anos.

Os indicadores permitem construções que possibilitam transcender os limites da evidência e do próprio indicador produzido, e esse processo teórico é uma condição para o surgimento do próximo indicador, o qual seria inacessível sem o marco de significação produzido na construção teórica. Esse processo no curso de uma reflexão teórica, em que os indicadores representam só um momento constitutivo, é, de forma simultânea, expressão de um desenvolvimento metodológico que só é possível diante da flexibilidade que atribuímos ao processo de desenvolvimento dos instrumentos e da definição das etapas da pesquisa.

# Os processos de generalização do conhecimento e a definição dos campos do conhecimento produzido

## A generalização e o uso de amostras na pesquisa qualitativa

A generalização é um dos objetivos essenciais sobre os quais se sustenta o ideal positivista de ciência. Sem dúvida, o conhecimento científico aspira a produzir construções de certa generalidade que permitam o desenvolvimento das teorias, o que implica a produção de novas áreas de inteligibilidade sobre o objeto de estudo. No entanto, a questão é como conseguir a generalização e o que isso significa para a psicologia.

Em psicologia, a generalização é associada a certos procedimentos como: a repetição de uma experiência, quando estamos diante de algo experimental; a padronização das categorias utilizadas nas construções teóricas, o que leva a classificar nelas todos os indivíduos que estudamos, passando por alto sua dimensão singular; e, finalmente, a significação estatística, que constitui a via de generalização nos estudos com amostras grandes. Todas essas vias levam a um conceito de generalização que "substancia" ou "coisifica" o generalizado, isto é, aquele atributo que se generaliza se converte numa entidade supra-individual, que aparece como verdade fixa e indiscutível.

G. Allport, um dos primeiros e mais agudos críticos da forma como os psicólogos usam a generalização, escreveu:

É certo que os psiquiatras e os psicólogos clínicos sabem há muito tempo que devem tomar como ponto de partida o que o próprio sujeito diz. Mas quase de imediato redigem o que se lhes dizem em categorias gerais desmembrando os fatores complexos da vida em dimensões padrão (capacidades, necessidades, inventários de interesse e coisas parecidas) e se apressam a dar pontuações a suas variáveis favoritas (1978:171).

Sem dúvida, o uso do conhecimento generalizado é expresso em psicologia como o estabelecimento de categorias orientadas para a classificação dos indivíduos concretos, que perdem sua dimensão singular no processo de produção do conhecimento.

O conceito de generalização sobre o qual se apóia a psicologia tradicional tem três expressões essenciais: a verificabilidade, aplicada basicamente às pesquisas experimentais; a significação estatística, associada às pesquisas correlacionais, e a utilização de categorias teóricas invariáveis consideradas elementos universais da natureza humana, tendência associada às psicologias dinâmicas, nas quais o estabelecimento de critérios universais tem caráter essencialmente teórico.

L. Sechrest escreveu:

> ...em grande parte, a área de estudo da personalidade é dominada por psicólogos interessados nas diferenças entre as pessoas. Paradoxalmente, esses psicólogos se baseiam em uma teoria que não propõe diferenças, mas conceitos universais. As etapas evolutivas de Freud, o esforço da superioridade de Adler, o *animus-anima* de Jung, a hierarquia de necessidades de Maslow são, entre outros, conceitos concebidos como aplicáveis a todos os indivíduos; no entanto, os psicólogos não conseguiram estudar as diferenças de modo produtivo... Isso não nega a importância das diferenças individuais, mas até que tenhamos maior conhecimento sobre os processos básicos da personalidade, é difícil saber como incorporar as diferenças em tais processos (1976:4).

A reflexão desse autor esboça um dos problemas essenciais da pesquisa qualitativa: o conhecimento dos processos básicos da subjetividade, seja social ou individual, o qual é impossível de ser construído por meio de entidades homogêneas, definidas de forma direta e universal no nível do comportamento.

As descrições, como assinala a pesquisadora E. Barberá (1998), citada anteriormente, o máximo que podem é conduzir a novas descrições, embora seja impossível chegar por elas à natureza constitutiva subjacente dos fenômenos descritos. Isso mostra que as generalizações de base empírica carecem de valor heurístico em seu caráter de resultados, pois não podem considerar-se momento final do estudado na construção teórica de processos que, como os subjetivos, estão na base dos fenômenos observáveis em determinado domínio do conhecimento.

Os processos complexos e irregulares que caracterizam a configuração e o desenvolvimento da subjetividade são irredutíveis a fórmulas universais suscetíveis de construir-se em forma direta pela reiteração e comparação de elementos definíveis no nível empírico. Por isso, as generalizações no conhecimento de realidades complexas terão mais caráter teórico construtivo, que descritivo. Harré escreveu sobre isso:

> Gostaria de argumentar em favor de uma ciência social que se apoiasse sobre um desenho intensivo, a qual trabalhasse a partir de uma base ideográfica. Não obstante, tal ciência estará sempre orientada para uma ascensão cautelosa da ladeira da generalidade; buscando estruturas universais, mas chegando a elas só por meio de uma dolorosa aproximação passo a passo (1979:137).

A generalização deixa de ser um ato de constatação para converter-se em um processo de natureza construtiva.

O lugar outorgado ao teórico e ao singular em nossa proposta qualitativa desemboca necessariamente em uma compreensão diferente da generalização, a qual não é definida no nível empírico; portanto, sua definição não se apóia nem na quantidade nem no constatável. Se é assim, como pode se definir a generalidade? Na nossa opinião, a generalização é um processo teórico que permite integrar em um mesmo espaço de significação elementos que antes não tinham relação entre si em termos de conhecimento. Seria um erro de caráter empirista compreender a generalização como produto final ou produção universal, pois só é um momento do processo de conhecimento que se expressa na temporalidade e historicidade que marca todo o desenvolvimento daquele.

Partindo do argumento anterior, o que define o potencial de generalização de um conhecimento é sua capacidade para ampliar o potencial explicativo da teoria. A generalidade expressa o nível de abrangência de um conceito ou uma teoria em relação às zonas de sentido e de circulação do conhecimento que elas facilitam no estudo do objeto. A generalização não existe como certeza absoluta que pode constituir-se como ponto de referência, mas como uma construção com maior capacidade geradora que outras na conjuntura que enfrenta o processo de conhecimento em cada um de seus momentos concretos.

O poder de generalização de uma categoria não representa uma expressão isolada de seu conteúdo, mas que se define pelas relações entre categorias no espaço geral da teoria que as integra, o que representa um dos elementos essenciais que influenciam no potencial explicativo de uma teoria. As categorias e as teorias são processos em movimento, e nesse aspecto a generalização é também um processo em constante desenvolvimento que forma parte dos jogos teóricos que têm lugar em certos momentos da construção do conhecimento. A generalização constitui o resultado de uma construção teórica que tem capacidade explicativa sobre certo número de fenômenos, os quais, no geral, não têm relação aparente entre si.

A generalização é também resultado de construções teóricas complexas que permitem a inteligibilidade de fenômenos inexistentes para a ciência antes da aparição daquela. Uma construção teórica que permite incorporar de forma estável novos processos ou fragmentos do estudado ao momento atual de produção de conhecimento é uma construção com elevado potencial de generalização.

O desenvolvimento das teorias se apóia em sistemas de hipóteses que constituem construções teóricas de alto potencial de generalização, pois por meio delas se constroem conhecimentos cada vez mais abrangentes que, no entanto, se mantêm no curso da produção teórica só a partir de sua viabilidade.

O poder de generalização de uma categoria, como afirmamos, pode depender de suas relações com outras, o que leva a sistemas teóricos mais abrangentes e completos; assim, por exemplo, o poder de generalização da categoria *personalidade* aumentou sensivelmente quando foi apresentada como configuração subjetiva, em estreita relação com a categoria *sujeito*, processo que não dependeu de forma imediata e biunívoca de nenhuma verificação empírica.

Na psicologia tradicional, apoiada no modelo hipotético-dedutivo, a generalização aparece como resultado da significação estatística de variáveis sempre que a relação seja capaz de repetir-se ante experiências novas realizadas nas mesmas condições em que se estabeleceu a relação originária. Esse tipo de relações estáveis e regulares entre variáveis é considerado leis do fenômeno estudado. Essa generalização, que muitos ainda identificam como científica, é racionalista, proposicional e sujeita a leis que supostamente expressam a natureza do estudado.

Uma vez que determinada relação entre variáveis se considera significativa em diferentes pesquisas, se adota como lei, como verdade estabelecida para as diferentes situações em que a dita relação se dá no cenário da pesquisa. A significação estatística das variáveis aparece como uma realidade em si, muito além do sentido comum e das possibilidades teóricas do pesquisador para explicá-la, o que leva à utilização do resultado como um momento de uma cadeia de elementos que só tem sentido estatístico.

Em relação ao problema anterior, J. Smeslund escreveu:

> Alguém pode, por exemplo, encontrar um vínculo sem nenhum sentido, mas invariável, entre a atitude ante o matrimônio e a tendência a preocupar-se com a saúde pessoal. Pressupõe-se que, em

função do argumento e apesar de uma correlação de zero, alguém encontrou uma correlação negativa perfeita entre as variáveis. Portanto, todos os que se preocupam com sua saúde, e somente eles, têm uma atitude negativa ante o matrimônio como instituição, e todos os que não se preocupam com sua saúde, e somente eles, estão a favor do matrimônio como instituição.

O autor relata, nessa mesma passagem, que um grupo que nunca se preocupou com sua saúde e que, portanto, é favorável ao matrimônio como instituição, iria realizar um trabalho de campo na África; mas que, nessa experiência, dadas as altas probabilidades de doença, os sujeitos, aprendendo com sua experiência, progressivamente se tornam mais preocupados e apreensivos com os problemas de saúde, motivo pelo qual ele comentou:

> De acordo com a lei hipotética, eles também deveriam desenvolver certo ceticismo ante o matrimônio como instituição. No entanto, ao mesmo tempo, os participantes também se tornam conscientes da menor incidência de doenças nas pessoas casadas. Portanto, aprendem que a instituição matrimonial provê uma proteção relativa nesse ambiente. Assim, poderia se esperar que desenvolvessem uma atitude mais positiva ante o matrimônio e, de acordo com a lei hipotética, estivessem menos inclinados a se preocupar com sua saúde... Evidentemente a afirmação desse tipo de leis totalmente implausíveis leva a todo tipo de absurdos e contradições (1995:202).

Nesse exemplo hipotético, o sentido comum e as possibilidades teóricas do pesquisador são substituídas pelo sentido estatístico dos elementos que conduzem às conclusões, o que é objeto de críticas, desde muito antes, de autores como G. Allport. Esse tipo de generalizações isoladas da reflexão e do sentido comum do pesquisador está na base de muitas pesquisas que saturam algumas das revistas mais prestigiosas da psicologia. A generalização nunca pode se definir em um ato de significação estatística, independente do processo de construção teórica do pesquisador.

Em nosso conceito, a generalização tem caráter processual e dinâmico e se define pela qualidade da construção teórica, a qual permite integrar em unidades de significação para o conhecimento aspectos do objeto estudado que eram ininteligíveis em momentos anteriores da teoria. A generalização é definida pela abrangência e pelo poder gerador para a produção de novas idéias que uma categoria ou teoria têm. Assim, por exemplo, o conceito de *complexo de Édipo* em Freud tinha alta capacidade de generalização em sua teoria, não só pelo fato de atribuí-lo ao universo dos meninos em desenvolvimento, mas pelo lugar que ocupava nas construções gerais produzidas a partir dessa óptica.

Ao considerar a generalização resultado da qualidade da construção teórica, os critérios de sua definição deixam de ser correlacionais, de repetição ou de padronização e se definem pelo alcance das construções produzidas pelo pesquisador. Por isso, a individualidade é fonte legítima para a produção de generalizações, como o é o estudo de grandes grupos. A informação procedente de um estudo de casos pode representar o elemento necessário para que um pesquisador gere uma idéia ou reflexão de alto potencial generalizador, que já está em processo, mas que ainda não pôde construir.

O valor do caso singular para a produção de conhecimento generalizado se dá porque, mesmo que o singular seja único ao nível empírico, o significado da produção teórica produzida a partir dele representa um momento congruente dentro de um processo intelectual já em evolução no intelecto do pesquisador. Portanto, em termos da construção do conhecimento, o caso não é um elemento isolado, mas um momento de sentido no curso da produção teórica. A partir da perspectiva empirista, um caso não teria legitimidade para sustentar uma conclusão significativa; mas, a partir do lugar que outorgamos à teoria, sua legitimidade é dada pelo que representa para a qualidade do processo teórico em desenvolvimento.

Em relação ao estudo de casos singulares e à generalização, devemos ter em conta dois níveis do processo de generalização. O primeiro nível se produz no caso individual, isto é, está relacionado à produção teórica que tem valor de generalização para o sujeito concreto estudado. Essa generalização poderia estar relacionada às construções que o pesquisador elabora sobre questões mais gerais da teoria; no entanto, as construções em relação ao estudo de casos não entram necessariamente no nível mais geral de produção teórica, associado à modificação e desenvolvimento do marco macroteórico adotado pelo pesquisador. O segundo nível estaria associado aos processos mais gerais de construção teórica, apoiados na pluralidade de fontes de informação da pesquisa.

Entre as construções que se desenvolvem no estudo do caso singular e aquelas que caracterizam o momento atual de desenvolvimento de uma teoria, não existe relação biunívoca linear. Muitas vezes os aspectos relacionados ao estudo de casos adquirem significação para o desenvolvimento da teoria só de forma indireta e mediata. Por sua vez, é impossível chegar a construções gerais no estudo de casos por meio da aplicação imediata das categorias usadas no marco teórico geral sobre o qual se apóia a pesquisa. Os processos gerais que caracterizam o desenvolvimento da macroteoria não guardam relação direta e imediata com os processos microteóricos que caracterizam o estudo de caso.

O número de sujeitos a estudar para chegar a uma generalização dependerá das necessidades do pesquisador e não de um critério *a priori* definido em termos populacionais. Isso nos conduz à questão do uso de *amostras* na pesquisa psicológica. O conceito de amostra tem na sua base todos os princípios epistemológicos da pesquisa correlacional de franco caráter positivista. Assim, as amostras na pesquisa são usadas com os seguintes objetivos:

- Chegar a um conhecimento "objetivo", definido pela significação estatística dos resultados produzidos em termos da representatividade populacional da amostra.
- Conseguir um nível de generalização do conhecimento que permita a classificação geral da população estudada em termos das categorias produzidas pela pesquisa. Isso se inscreve na perspecti-

va de conseguir um conhecimento acabado da população mediante a amostra.
- Ignorar os fenômenos individuais para apresentá-los em termos populacionais.
- Permitir um trabalho de aplicação de instrumentos em situações padronizadas, que garanta um ambiente e condições similares para todos os participantes na pesquisa.

A seleção das amostras tem o mesmo caráter apriorístico e invariável que acompanha a configuração da pesquisa quantitativa, o que implica a impossibilidade de aumentá-la ou diminuí-la de acordo com as necessidades do processo de produção de conhecimento. Entre os pesquisadores qualitativos surge o conceito de amostra propositiva, definida mais pela natureza do problema, e não pela natureza estatístico-populacional.

Na nossa opinião, o trabalho com grupos grandes tem de ser de natureza interativa, o que implica considerar o grupo não como soma de indivíduos, mas como sistema constituído em sua subjetividade grupal, o que definiria a especificidade de muitas das informações produzidas nesse contexto em relação àquelas que expressam os indivíduos em separado. A utilização das amostras na pesquisa psicológica tradicional tem, do nosso ponto de vista, as seguintes limitações:

- A amostra concentra o trabalho dos pesquisadores nas conclusões mais gerais que podem ser extraídas dos instrumentos aplicados, às quais se chega, na maioria das vezes, por meio do processamento estatístico. Os sujeitos são totalmente ignorados em suas diferenças, o que implica que só tem sentido aquilo que é expresso por um número significativo de participantes, com o que se perde uma valiosa informação sobre a realidade estudada.
- O trabalho com amostras segue a seqüência ditada pela aplicação dos instrumentos, sem nenhum tipo de relação entre os participantes, o que define seu uso dentro dos mesmos limites individualistas tradicionais da metodologia positivista. A amostra, mais que

um contexto grupal, pode ser considerada uma soma de indivíduos cuja participação está dirigida a partir da lógica instrumental que segue a pesquisa. Nenhum acontecimento, mesmo que seja relevante, será considerado fora dessa lógica.
- A ignorância sobre a natureza singular dos sujeitos estudados chega a considerar todos igualmente aptos para representar os segmentos de população definidos na amostra; o que é uma premissa falsa, já que a riqueza da informação deveria depender do envolvimento, da motivação e do lugar que cada indivíduo tenha na população estudada.

No processo de pesquisa por meio de amostras ignora-se a constituição da subjetividade grupal do espaço estudado, cujo conhecimento nunca se consegue *a priori*, mas aparece gradualmente em tal processo e representa um momento constitutivo da pesquisa em termos de seu caráter social. Esse processo é desconhecido no caráter apriorístico que tem a definição da amostra.

O trabalho com amostras segue a lógica da resposta, que definimos como dominante na pesquisa psicológica. A ausência de uma dinâmica participativa impede a construção complexa dos participantes sobre o tema que se busca conhecer; portanto, o diálogo é ignorado como momento essencial dos processos construtivos dos sujeitos estudados.

O caráter atomizado e apriorístico dos objetivos determina conclusões fragmentadas e descritivas que caracterizam a maior parte dos resultados do estudo de amostras significativas. O conceito de amostra responde ao caráter pontual e fragmentado que caracteriza a configuração tradicional de pesquisa positivista.

O trabalho com grupos na produção de conhecimentos sobre a subjetividade pressupõe a entrada do pesquisador no campo em que o grupo se manifesta e atua socialmente: a comunidade, a família, a escola, a instituição trabalhadora. A presença do pesquisador no campo deve começar com o estabelecimento de vínculos formais e informais com os segmentos da população que estudará, por meio dos quais consegue encontros de maior profundidade com grupos e pessoas que fazem parte dessa população, mas que podem ter diferentes naturezas segundo os objetivos do pesquisador.

Não se pode ignorar aqueles grupos que representam forças vivas na constituição subjetiva atual da população estudada; mas tampouco se podem determinar *a priori*: irão aparecendo no curso da pesquisa e, nessa medida, irão se integrando a ela. O trabalho em grandes grupos implica o desenvolvimento simultâneo de dinâmicas grupais e de diálogos individuais, os quais representam formas complementares na pesquisa social. A superação da dicotomia do individual e do social no nível teórico pressupõe a integração metodológica de ambos os momentos.

A pesquisa com grupos representa um processo de complexidade progressiva, em cujo curso surgem informações relevantes para o problema, que por sua vez geram novas exigências em termos da população estudada. Assim, por exemplo, em uma dinâmica grupal surgem múltiplas referências a uma pessoa que, ao que parece, exerce uma liderança na população e influi fortemente no que se está estudando. Essa pessoa pode ser convidada a integrar uma dinâmica grupal e/ou a dialogar individualmente.

O trabalho com populações exige a construção teórica constante sobre os assuntos que aparecem em relação ao tema estudado, assim como o compromisso do pesquisador para tomar decisões durante o processo de pesquisa. A compreensão da subjetividade social da população estudada pode requerer decisões em relação às pessoas selecionadas para o estudo que facilitem o desenvolvimento de novas zonas de sentido sobre o problema estudado. Portanto, o processo de seleção de grupos e pessoas não pode ser definido de forma absoluta desde seu início. Não se pode enfocar a seleção da amostra como um ato de seleção, que se define no começo da pesquisa, mas como um processo que a acompanha e é parte das necessidades que aparecem nele.

A pesquisa social é ativa, participativa e construtiva, e está orientada para o conhecimento de processos cada vez mais complexos da população estudada, pelo que não deve deter-se em objetivos descritivos parciais. O número de sujeitos a estudar não pode ser fixo *a priori* por regras externas à pesquisa, mas resultado das demandas que aparecem no curso das elaborações do pesquisador.

O tipo de problemas que se pesquisam também é importante nas decisões iniciais sobre a eleição da população. Um estudo de caso pode ser relevante para a produção de conhecimentos sobre a subjetividade individual, pois acumula evidências únicas e essenciais para o desenvolvimento do conhecimento. Assim, por exemplo, em nossas pesquisas sobre a constituição subjetiva das emoções, o estudo de caso de E. V., mulher de 49 anos, solteira, que sofria de psoríase, representou um momento importante para o desenvolvimento de nossas idéias sobre o tema e para as hipóteses que permitiram um novo nível de construção teórica sobre o problema.

E. V. morava só com sua mãe, que constituía o centro de sua vida emocional. Ambas tinham excelente relação, mas a forma como essa relação se constituíra impediu E. V. de se realizar em outros aspectos, sobretudo no campo amoroso e no da amizade. Seu círculo de amigos era reduzido, e sua vida transcorria da casa para o trabalho e vice-versa. A maior parte do tempo ela dedicava a cuidar de sua mãe e a estar com ela. Esses são os aspectos concretos da informação sobre o caso, o qual aprofundamos tanto na relação terapêutica, como no diagnóstico que acompanhou o espaço terapêutico, em que foi usado, além das entrevistas, um conjunto de instrumentos qualitativos abertos.

O avanço da psicoterapia nas primeiras oito semanas foi pobre. Ela esperava nossa ação terapêutica sobre emoções que poderiam afetar o quadro de psoríase; mas via essa ação relacionada a técnicas de relaxamento e à nossa ajuda em uma melhor distribuição do tempo pessoal. No entanto, não tinha disposição de examinar outras áreas de sua vida, e menos ainda de dialogar sobre sua história. O lugar da mãe em seu desenvolvimento pessoal era intocável, para o qual sempre dispunha de um conjunto de respostas estereotipadas. Essa era a situação quando chegamos à oitava semana de tratamento. Nesse momento havíamos avançado muito pouco na constituição do diálogo terapêutico.

Nessa semana produziu-se uma situação imprevista, que foi a morte de sua mãe, o que a levou a abandonar a terapia por quatro semanas devido à profunda depressão em que entrou, diante da qual tudo perdeu sentido para ela, inclusive a relação terapêutica. Com a morte da mãe havia perdido a sustentação absoluta da sua vida afetiva. Após quatro semanas da perda, reintegrou-se à psicoterapia, agora em busca de ajuda para diminuir o quadro depressivo em que havia entrado, o qual não a deixava trabalhar. Diante dessa situação, a psoríase passou a um segundo plano; no entanto, sua posição diante da terapia era a mesma: nada de pensar sobre sua personalidade ou sobre si mesma, a questão estava fora, na perda de sua mãe, e só se tratava de ver como reduzir o impacto da depressão.

Na nova situação produziu-se algo muito interessante: quatro semanas após sua reintegração à psicoterapia, ainda quando o estado depressivo era igualmente intenso e ela apenas havia começado a incluir em seu modo de vida cotidiano algumas mudanças, começou uma redução progressiva e sensível da sintomatologia da psoríase. Diante dessa situação esboçamos um conjunto de perguntas, que estão hoje no centro de nossas hipóteses em relação ao lugar do emocional no desenvolvimento tanto da doença, quanto de uma teoria sobre a constituição subjetiva das emoções humanas.

Em nossas reflexões teóricas sobre esse caso consideramos: em primeiro lugar, que as emoções responsáveis pelo estado emocional depressivo e aquelas constitutivas do estado de psoríase eram diferentes, pois o aumento de umas não implicou o desenvolvimento das outras. Isso nos colocou diante de outro problema – o da natureza distinta dessas emoções, o que levou à hipótese de que as emoções relacionadas à depressão eram resposta evidente diante da situação de perda de uma pessoa com grande significação emocional, enquanto as emoções que provocavam a psoríase eram resultado de necessidades que não encontravam expressão diante dos limites rígidos da relação com sua mãe, os quais impediam a extensão e integração do sujeito estudado nos espaços de vida de que necessitava, mas dos quais não tinha consciência.

Essa construção teórica nos conduziu à reflexão de que o *distres*, termo com o qual se designa na literatura o estresse que tem conotações negativas para o organismo humano (Lazarus, Folkman e outros), não é produto de estados emocionais visíveis do organismo, como a ira ou a cólera, aos quais muitos pesquisadores e pessoas em geral atribuem ainda a responsabilidade por estados de distres, mas o produto de emoções que têm origem menos dramática na aparência: a impossibilidade do organismo de estender-se em estados dinâmicos gerados por necessidades nos sistemas de relações que caracterizam seu cotidiano.

Teoricamente essa diferença tem implicações mais complexas, sobre as quais nos encontramos trabalhando, as que nos permitem o acesso a zonas do empírico inacessíveis a partir da aparência dos estados emocionais, forma como se trabalhou historicamente a questão das emoções. Em primeiro lugar, não consideramos mais as emoções expressão de necessidades intrapsíquicas invariáveis, como aquelas definidas em praticamente todas as taxinomias de necessidades apresentadas na literatura psicológica. As emoções estão na base da aparição de novas necessidades, que surgem como o resultado da convergência de emoções procedentes de configurações subjetivas e estados emocionais, já existentes no sujeito, nas relações atuais nas quais se implica. Assim, o sujeito gera um estado emocional $X$ diante de toda situação que enfrenta, o qual não é só um produto da situação, mas também do estado emocional com o qual chega à nova situação, o que está implicitamente definido na categoria "situação social do desenvolvimento", de Vygotsky. Portanto, o sujeito gera necessidades diante da pluralidade de situações que vive em seu espaço cotidiano.

Desenvolver completamente o tópico nos distanciaria dos objetivos deste livro; contudo, quem estiver interessado pode consultar nosso artigo *Lo emocional en la constitución de la subjetividad*. O exemplo só serve para ilustrar o valor do caso individual na construção de elaborações de alto nível de generalização, sobre as quais se amplia o "diálogo" entre novos níveis de construção teórica e seus correspondentes momentos empíricos. A quantidade de idéias que esse caso nos produziu certamente não está "ali", visível e evidente para qualquer um que tiver contato com ele; é resultado de uma complexa articulação entre a informação oferecida pelo caso, as elaborações prévias do pesquisador no momento de se defrontar com ele, e as novas informações e reflexões geradas pela confrontação entre a riqueza do caso e a capacidade teórica do pesquisador.

Nesse exemplo não se partiu da definição de um grupo de pessoas a ser estudado, pois não tínhamos idéia dos sujeitos idôneos para o seguimento de nossa experiência; o caso referido representou um momento perfeito de articulação entre a construção teórica e o momento empírico, e adquiriu idoneidade para a pesquisa pelo aproveitamento ativo do pesquisador diante da informação inesperada, que foi totalmente compatível com o momento teórico em que se encontrava em relação à construção teórica do problema. Esse é um exemplo de como o singular tem a condição de excepcionalidade só em um nível empírico, mas se integra organicamente ao nível atual da produção teórica do pesquisador, o qual resulta completamente compatível com o que acontece. A partir dessa perspectiva, o singular aparece como momento essencial de uma construção em desenvolvimento em um plano teórico, e não como algo único.

A continuidade de nosso trabalho, no entanto, necessita do estudo de outros casos, definidos pelas necessidades do processo de construção teórica e nunca definidos *a priori* a partir de critérios populacionais. Portanto, dentro do tipo de pesquisa qualitativa que propomos, o processo de seleção da população a ser estudada não representa um ato, um momento concreto invariável que deve ser definido *a priori*, mas um processo que deve argumentar-se teoricamente; critério que pode se modificar no curso da pesquisa e conduzir à eleição de novos sujeitos a serem estudados.

## Relações entre diferentes áreas de produção do conhecimento psicológico

Uma das conseqüências gerais da pesquisa atomizada que o positivismo nos legou foi a fragmentação do campo de conhecimento da psicologia em áreas de especialização que praticamente permanecem como divisões rígidas, sem relação entre si. Essas divisões rígidas foram produto da fragmentação que caracterizou o pensamento psicológico antes de integrar o conceito de subjetividade ao desenvolvimento da construção psicológica. A categoria subjetividade pressupõe a integração de diferentes esferas da experiência humana em formas de significação e de sentido, nas quais os processos subjetivos produzidos em diferentes atividades humanas se integram em complexas configurações subjetivas. Isso, além de levar à superação da fragmentação na constituição subjetiva do sujeito, implica a superação das divisões rígidas na produção do conhecimento psicológico.

A separação do conhecimento psicológico em especialidades por tipos de problemas, instrumentos ou contextos nos quais se desenvolvem os estudos não é mais que uma reminiscência positivista que impede a articulação das realidades complexas e simultâneas em que se expressa o objeto de estudo. Como afirmamos em um trabalho anterior,[1] o que define o valor de um conhecimento para uma especialidade da psicologia não é sua procedência instrumental nem o cenário de configuração da pesquisa, mas a significação deste dentro do universo teórico em desenvolvimento, que define os limites da disciplina.

Assim, por exemplo, o conhecimento produzido por uma pesquisa sobre a configuração subjetiva da hipertensão pode ter conseqüências igualmente interessantes para a psicologia da saúde, a psicologia social ou qualquer outro ramo da psicologia. Nesse caso nos referimos à psicologia social, porque é o resultado de nossa experiência como pesquisadores. Em diferentes pesquisas sobre o estudo de sujeitos hipertensos, começamos a ver indicadores associados ao tipo de funcionamento social que apareciam de forma diferenciada em termos da subjetividade individual nos sujeitos estudados, os quais nos levaram a construções sobre os modelos de prestígio, autoridade, valorização social e padrões de comunicação na socie-

---

1. González Rey, F., "Personalidad, sujeto y psicología social", em *Construcción y crítica de la psicología social* (1992).

dade, que orientaram nossas construções teóricas no campo da psicologia social.

Se formos coerentes com o princípio que temos adotado neste livro em relação ao uso dos instrumentos e aos processos de construção da informação na pesquisa qualitativa, temos de aceitar que qualquer ato de pesquisa pressupõe o surgimento de um conjunto imprevisível de informações muito além do objetivo explícito do pesquisador, pois são informações associadas às necessidades do sujeito estudado, as quais aparecem como um momento de sentido de sua expressão. Pensamos que o pesquisador, longe de fechar-se de forma estreita em seus objetivos e expectativas, deve manter uma posição aberta e flexível diante da diversidade e complexidade das informações geradas no curso da pesquisa.

Essa situação exige não discriminar a utilidade de uma informação para um campo concreto de pesquisa psicológica por sua procedência, mas atribuir relevância para qualquer esfera da psicologia pela significação que a informação tenha para os processos construtivos que caracterizam o conhecimento nessa esfera. Isso nos leva a recusar, por exemplo, uma psicologia social que, por definição, não leve em conta instâncias de produção do conhecimento social, que vão desde o indivíduo até a escola. Temos uma psicologia social que não pesquisa a escola a partir de sua condição de instituição social, a qual está integrada a complexas dinâmicas da constituição e desenvolvimento da subjetividade social.

A muitos processos sociais não temos acesso direto, mas eles aparecem de forma indireta e implícita quando estudamos a escola como instituição e nos preocupamos em definir as formas em que aparecem na instituição escolar alguns dos processos mais gerais da subjetividade social. Nesse aspecto, é muito interessante o trabalho de I. Martins de Oliveira, "Preconceito e autoconceito. Identidade e interação na sala de aula", que contribui simultaneamente ao desenvolvimento de uma psicologia escolar e social.

Como mostramos nos exemplos apresentados ao longo deste livro, a informação procedente do estudo de caso, ou de um marco empírico mais abrangente, representa um complexo sistema, de muito valor quanto aos indicadores que pudessem ser construídos para o desenvolvimento de diferentes vias de produção de conhecimentos. Isso implica que o momento empírico gerado em uma direção de pesquisa pode ser retomado por outro pesquisador para produzir conhecimentos sobre aspectos diferentes do estudado na pesquisa original que gerou o dito momento empírico.

O desenvolvimento da psicologia pressupõe um nível de integração intradisciplinar que hoje não existe, no qual os resultados produzidos em um cenário teórico se integrem aos produzidos em outros e se constituam como momento na definição qualitativa daqueles. Assim, por exemplo, o desenvolvimento das representações sociais sobre o ensino é um processo social complexo, que inclui não só os professores e os alunos, mas o tecido social como um todo, e seu estudo tem conseqüências tanto para o desenvolvimento da psicologia social, como para muitos dos processos que têm lugar na escola, incluindo a aprendizagem. Utilizar uma categoria implica aproveitar seu valor heurístico para estudar fenômenos aos quais a categoria nos permite o acesso, mas que não são explicáveis de forma direta nos espaços de significação daquela.

As diferentes áreas do conhecimento psicológico têm múltiplos espaços de contato que até hoje não foram explorados pela pesquisa psicológica, os quais têm de ser considerados dentro do fluxo constante de conhecimentos que se produz entre as diferentes especializações da psicologia no estudo da subjetividade. O conhecimento da subjetividade pressupõe processos de construção permanente que produzem novas zonas de sentido sobre o estudado que, em momentos anteriores da pesquisa, não tinham significação para o problema estudado. Essa posição aberta, flexível, comprometida e constante do pesquisador ante o conhecimento é um princípio metodológico que encontra todo seu apoio na epistemologia qualitativa.

Os limites de uma área de produção de conhecimento intradisciplinar com as outras são limites permeáveis e flexíveis, que devem ocupar posições relativas nos momentos da construção do conhecimento. Afirmações como a de que a clínica é o estudo dos sujeitos individuais em seu estado patológico, a psicologia escolar o estudo dos processos de ensino-aprendizagem no contexto escolar, e a psicologia social o estudo dos processos mais gerais de comunicação e ideologia nos parecem caducos. Pensamos que todos os processos mencionados permanecem em contato no espaço da disciplina, no qual aparecem em momentos diferentes e com significações diferentes, de acordo com os objetivos e características do processo de conhecimento.

O tema da intradisciplina é ignorado em face da questão de moda da interdisciplina; no entanto, sem uma sólida disciplina, constituída sobre um marco suficientemente abrangente para dar significação em um contexto teórico geral às aquisições procedentes dos domínios da pesquisa psicológica, corremos o risco de dispersar o conhecimento psicológico em integrações interdisciplinares parciais, que terminariam empobrecendo o desenvolvimento da psicologia. Por isso consideramos, por exemplo, que não se trata de uma psicologia social sociológica, mas de uma psicologia social diferente que, no contexto histórico-cultural de definição da subjetividade, conduz a uma redefinição do social e do individual, níveis que apareceram como complementares, e não como excludentes.

A interdisciplina pressupõe uma linguagem disciplinar sólida e, por isso, flexível, capaz de articular-se na linguagem mais abrangente da interdisciplina, a qual não substitui a linguagem disciplinar, mas a integra em outro nível de significações. A interdisciplina não é abrangente de todos os momentos da linguagem disciplinar, mas só daqueles suscetíveis de integrar-se às linguagens de outras disciplinas para criar novas zonas de sentido, que não aparecem nas disciplinas tomadas em separado. A aproximação interdisciplinar é, portanto, uma maneira de criar zonas de sentido sobre o tema estudado a partir da articulação de diferentes disciplinas. Nesse aspecto, a interdisciplina não representa uma justaposição de dados, mas um novo momento de construção teórica.

Nos marcos da pesquisa empírica tradicional, a interdisciplina aparecia definida pela correlação de dados entre pesquisas de procedências diferentes, por exemplo sociológicas e psicológicas, as quais se correlacionavam a partir de instrumentos devidamente padronizados. O espaço do interdisciplinar era momento definido por novas correlações, sem agregar nenhuma diferença qualitativa ao conhecimento produzido. Isso é totalmente congruente com as bases epistemológicas desse tipo de pesquisa.

Sobre as bases para a pesquisa qualitativa que definimos neste livro, a interdisciplina abre uma nova área de produção de conhecimentos, que adquire significação por representar um nível qualitativo diferente em relação àquele conhecimento produzido na disciplina; contudo, diferentemente da transdisciplinaridade, na interdisciplina não se produz uma nova linguagem, mas se articulam em um novo espaço de sentido as linguagens produzidas pelas diferentes disciplinas, processo que tem forte caráter teórico.

O desenvolvimento da psicologia exige uma teoria geral capaz de articular os conhecimentos produzidos em seus distintos ramos, os quais possam transitar nos espaços de significação da teoria e, por sua vez, permitam à teoria geral se nutrir dessa riqueza. Em nossa opinião, uma teoria sobre a subjetividade desenvolvida sobre bases epistemológicas diferentes daquelas que historicamente produzem o conhecimento psicológico poderia representar uma opção nessa direção. Essa necessidade é expressa em formas e momentos diferentes por diferentes psicólogos: desde Vygotsky, que propôs a necessidade de uma metateoria capaz de integrar os aportes da ciência psicológica, até autores procedentes de áreas da "psicologia aplicada". Colocamos entre aspas o termo, pois não nos parece o mais apto para designar um campo da disciplina, uma vez que todos implicam construção de teoria básica. Na divisão entre psicologia básica e aplicada se revelam as mesmas bases epistemológicas que de forma mecânica separaram na história das ciências o teórico do empírico.

S. O. Kobasa, destacada pesquisadora do campo da psicologia da saúde, escreveu:

> Mais adiante argumentei que as pesquisas sobre o estresse e as diferenças individuais freqüentemente interpretam mal a persona-

lidade, pois o fazem com modelos causais estreitos e unidirecionais, como se fossem um novo tipo de germe.

Por que nós, os psicólogos da saúde, não temos feito como nossos colegas em outras ciências sociais, particularmente a antropologia médica e a sociologia médica, que usaram os fenômenos da saúde e da doença como bases para o desenvolvimento de novos e melhores teorias e métodos para nossa ciência? (1990:15).

Os diferentes campos da psicologia devem convergir no desenvolvimento de uma teoria psicológica geral não só no plano teórico, mas também no metodológico e, nesse espaço, enriquecer-se, tanto da mencionada teoria, como das relações entre conhecimentos de diferentes áreas da psicologia. Uma teoria geral sobre a subjetividade representa um compromisso com o conhecimento produzido nas diferentes esferas da psicologia.

São muitos os desafios que surgem à medida que questionamos algumas tradições em que se apóia o desenvolvimento da psicologia. Uma das características desses desafios é a maneira como eles implicam de forma simultânea a reflexão teórica, epistemológica e metodológica. É impossível o trânsito até novos níveis na produção do conhecimento psicológico sem aceitar esses desafios, que se desenvolvem a partir de diferentes posições. Seria um êxito se essas posições, que hoje emergem ante desafios comuns, em lugar de isolar-se umas das outras, levando de novo ao desenvolvimento de diferentes teorias isoladas, pudessem articular-se em um diálogo com pontos frutíferos de convergência por meio das diferenças, o que sem dúvida implicaria um novo momento no desenvolvimento da ciência psicológica.

# Bibliografia

Abuljanova, K. A. (1973), *El sujeto de la actividad psíquica*, Nauka, Moscou (ed. em russo).
Allport, G.W. (1967), *La personalidad:. su configuración y desarrollo*. Edición Revolucionaria, Havana.
_____. (1978), "Lo general y lo particular en la ciencia psicológica", in *Teorías de la personalidad*, Limusa, México.
Bakhtin, M. (1997), *Marxismo e filosofia da linguagem*, Editora Hucitec, São Paulo.
Barberá, E. (1998), *Psicología del género*, Ariel Psicología, Barcelona.
Barbosa, J. (1998), "A Perspectiva do paciente na esquizofrenia: contribuções para a avaliação de sua vida atual", dissertação de mestrado, UNB, Brasília.
Bechhofer, F. (1974), "Current approaches to empirical research: some central ideas", in *Approacbes to Sociology: an Introduction to Major Trends in British Sociology*, ed. J. Rex Routiedge, Londres.
Becker, H. (1970), *Sociological Work: Method and Substance*. Aldine, Chicago.
Billig, M. (1997), "Rhetorical and discoursive analysis: how families talk about royal family", in *Doing Qualitative Analysis in Psychology*, ed. Hayes. N., Psychology Press, Reino Unido.
Bogdan, R. y Biklen, S. (1982), *Qualitative Research for Education*, Allyn y Bacon, Boston.
Bozhovich, L. I. (1985), *La personalidad y su formación en la edad infantil*, Editorial Pueblo y Educación, Havana.
Bruner, J. (1986), *Actual Minds, Possible Worlds*, M. A.: Harvard University Press, Cambridge.
_____. (1990), *Acts of Meaning*, M. A.: Harvard University Press, Cambridge.

Bryman, A. e Burgess, R. (1994), "Developments in qualitative data analysis: an introduction", in *Analyzing qualitative data*, eds. A. Bryman e Burgess, R. Routledge, Londres e Nova York.
Campbell, D. (1974), "Qualitative Knowing in Action Research", apresentado em 1974 in Annual Meeting of the American Psychological Association, Nova Orleans.
Cicourel, A. (1990), "Teoria e método em pesquisa de campo", in *Desvendando máscaras sociais*, 3a edição, Editora Francisco Alves, Rio de Janeiro.
Chudnovsky, V. E. (1982), "Psicología de la personalidad", in *Cuestiones de psicología*, vol. 4, Moscou (ed. em russo).
Creswell, J. W. (1994), *Research Design. Qualitative and Quantitative Approaches*. Sage Publications, Nova York.
Cronbach, L. J. (1997), "Más allá de las dos disciplinas de la psicología científica", Revista *Escritos de psicología*, núm. 1, València.
Dembo, T. (1993), "Thoughts on qualitative determinant in Psychology", in *Journal of Russian and East European Psychology*, vol. 31, núm. 6.
Denzin, N. (1970), *The Research Act in Sociology*, Butterworths, Londres.
Denzin, N. y Lincoln, Y. (1994), "Introduction: Entering the field of qualitative research", in *Handbook of Qualitative Research*, Sage Publications, Londres.
Feyerabend, P. (1993), *Tratado contra el método*, REI, México.
Figueiredo, L.C. (1996), "Pensar, escutar e ver na clínica psicanalítica. Uma releitura de *Construções em análise*", in *Percuso*, núm. 16, Brasil.
Flick, U. (1995), "Social representations", in *Rethinking Psychology*, Sage Publications, Londres.
Freud, S. (1985), *The Complete Letters of Sigmund Freud to Wilhelm Fliess 1887-1904*, M. A.: Harvard University Press, Cambridge.
_____. (1977), *Obras psicológicas completas*, vol. 1, Editora Imago, Rio de Janeiro.
García-Roza, L. (1994), *Freud e o inconsciente*, 13a edição, ed., Jorge Zahar, Rio de Janeiro.
Gay, P. (1988), *Freud: A Life of our Time*, Norton, Nova York.
Gergen, K. (1992), *El yo saturado*, Paidós, México.
_____. (1994), *Toward Transformation in Social Knowledge*, Sage Publications, Londres.
_____. (1996), *Realidades y relaciones. Aproximaciones a la construcción social*, Paidós, Barcelona.
Glasser, B. e Strauss, A. (1967), *Discovery of Grounded Theory: Strategies for Qualitative Research*, Aldine, Chicago.
González Rey, F. (1982), *Motivación moral en adolescentes y jóvenes*, Editorial Científico-Técnica, Havana.
_____. y Mitjáns, A. (1989), *La personalidad: su educación y desarrollo*, Editorial Pueblo y Educación, Havana.

_____. (1994), *Personalidad, salud y modo de vida*, Universidad Nacional Autónoma de México, México.

_____. (1994), "Personalidad, sujeto y psicología social", in *Construcción y crítica de la psicología social*, Antrophos, Barcelona.

_____. (1995), *Comunicación, personalidad y desarrollo*. Editorial Pueblo y Educación, Havana.

_____. (1996), *Problemas epistemológicos de la psicología*, Editorial Academia, Havana.

_____. (1997), *Epistemología cualitativa y subjetividad*, EDUC, São Paulo.

Guattari, F. e Rolnik, S. (1996), *Cartografias do desejo*, 4a edição, Vozes, Petrópolis.

Guba, E. e Lincoln, Y. (1981), *Effective Evaluation: Improving the Usefulness of Evaluation Results Through Responsive and Naturalistic Approach*, Jossey-Bass, São Francisco.

_____. (1994), "Competing paradigms in qualitative research", in *Handbook of Qualitative Research*, eds. Denzin, N. e Lincoln, Y., Sage Publications, Nova York.

Guidano, V. (1994), *El sí mismo en proceso. Hacia una terapia cognitiva postracionalista*, Paidós, Buenos Aires.

Hardy Leahey, Th. (1997), *A History of Psychology. Main Current in Psychological Thought*, Prentice Hall, Nova Jersey.

Hayes, N. (1997), Introduction: "Qualitative research and research in psychology", in *Doing Qualitative Analysis in Psychology*, ed. N. Hayes, Psychology Press, Reino Unido.

Harré, R. (1979), *Social Being*, Basil Backwell, Oxford.

_____. (1995), "Discursive Psychology", in *Rethinking Psychology*, eds. Smith, J., Harré, R. e Van Langenhove, L., Sage Publications, Londres.

_____. (1997), "An outline of the main methods for social psychology", in *Doing Qualitative Analysis in Psychology*, ed. Hayes, N., Psychology Press, Reino Unido.

Heisenberg, W. (1995), *Física y filosofía*, Editora UNB, Brasília.

Ibáñez, J. (1994), *El regreso del sujeto. La investigación social de segundo orden*. Siglo XXI, Madri.

Kincheloe, J. (1991), *Teachers as Researchers. Qualitative Inquiry as a Path to Empowerment*, Farmer Press, Londres.

_____. y Mc Laren, P. (1994), "Rethinking critical theory and qualitative research", in *Handbook of Qualitative Research*, eds. Denzin, N. e Lincoln, Y., Sage Publications, Nova York.

Kobasa, S. (1990), "Lessons from history: how to find the person in health Psychology", in *Personality and Disease*, eds. Friedman, H. e John Wiley and sons.

Kvale, S. (1996), *Interviews. An Introduction to Qualitative Research Interviewing*, Sage Publications, Londres.

Lamiell, J.T. (1987), *The Psychology of Personality: an Epistemological Inquiry*, Columbia University Press, Nova York.
Lazarus, R. e Folkman, S. (1986), *Estrés y procesos cognitivos*, Editorial Martínez Roca, Barcelona.
Le Bon, S. (1992), "Un positivista desesperado: Michael Foucault", in *Foucault*, Editorial Paidós, Madri.
Leontiev, A. N. (1978), *Actividad, conciencia y personalidad*, Editora Ciencias del Hombre, Buenos Aires.
Lincoln, Y. e Guba, E. (1985), *Naturalistic Inquiry*, Sage Publications, Califórnia.
Mahoney, M. (1990), *Human Changes Processes*, Basic Books, Nova York.
Malinowski, B. (1990), "Objeto método e alcance desta pesquisa", in *Desvendando Máscaras Sociais*, 3a edição, Editora Francisco Alves, Rio de Janeiro.
Manning, P. e Cullum-Swam, B. (1994), "Narrative, content and semiotic analysis", in *Handbook of Qualitative Research*, Sage Publications, Nova York.
Martins de Oliveira, I. (1994), *Preconceito e autoconceito. Identidade e interação na sala de aula*, Editora Papirus, Campinas.
Maslow, A. (1979), *Psicología de la ciencia*, Editores Asociados, México.
Maxwell, J. A. (1992), "Understanding and validity in qualitative research", in *Harvard Educational Review*, vol. 62, núm. 3.
Mendoza, P. (1998), "Curso de psicopedagogia", Trabalho de Estágio, UCB, Brasília.
Mezán, R. (1983), "A querela das interpretações", in *Revista Brasileira de Psicanálise*, vol. XII, núm. 3, São Paulo.
Mitjáns, A. (1995), *Creatividad, personalidad y educación*, Editorial Pueblo y Educación, Havana.
Morin, E. (1998), *O Método 4. As idéias. Habitat, vida, costumes, organização*, Editora Sulina, Porto Alegre.
Moscovici, S. (1973), *Forewords in C. Herzlich, Health and Illness: a Social Psychological Analysis*, Academic Press, Londres.
_____. (1993), "Toward a social psychology of science", in *Journal for the Theory of Social Behavior*, vol. 23, núm. 4.
Munné, F. (1994), *Complejidad y caos. Más allá de una ideología del orden y el desorden. Conocimiento, realidad e ideología*, AVEPSO, Caracas.
Murray, K. (1995), "Narratology", in *Rethinking Psychology*, eds. Smith, J., Harre, R. e Van Langenhove, L., Sage Publications, Londres.
Navarro, P. e Díaz, C. (1993), "Análisis de contenido", in *Métodos y técnicas cualitativas de investigación en ciencias sociales*, eds. Delgado, J. M. e Gutiérrez, J., Proyecto Editorial Síntesis Psicológica, Madri.
Orofino, A. e Zanello, V. *La subjetividad social en la escuela paralela 15*, Brasília, 1999.

_____. (1997), "A subjetividade social e a escola", Trabalho de Estágio, UNB, Brasília.
Pascual Leone, J. (1995), "Constructivismo dialéctico como fundamento epistemológico de la ciencia humana", Simposium Nueva Epistemología para una Nueva Psicología, XXV Congreso Interamericano de Psicología, San Juan, P. R.
Potter, W. J. (1996), *An Analysis of Thinking and Research about Qualitative Methods*, Lawrence Erlbaum Associates, Inc. Publishers, Estados Unidos.
Quinn Patton, M. (1990), *Qualitative Evaluation and Research Methods*, Sage Publications, Nova York.
Rodríguez Gómez, G., Gil Flores, J. e García Jiménez, E. (1996), *Metodología de la investigación cualitativa*, Ediciones Aljibe, Málaga.
Rodríguez Sutil, C. (1993), "La entrevista psicológica", in *Métodos y técnicas de investigación en ciencias sociales*, eds. Delgado, J. M. e Gutiérrez, J., Proyecto Editorial Síntesis Psicológica, Madri.
Rosenzweig, S. (1985), "Freud and experimental Psychology: The emergence of idiodynamics", in *A century of Psychology as Science*, eds. Koch, S. e Leary, D., McGraw-Hill, Nova York.
Samaja, J. (1997), *Epistemología y metodología. Elementos para una teoría de la investigación científica*, EUDEBA, Buenos Aires.
Sechrest, L. (1976), "Personality", in *Annual Review of Psychology*, 27: 1-27, eds. Rosenzweig, M. R. e Porter, L.W., Annual Reviews, Califórnia.
Seve, L. (1972), *Marxismo y teoría de la personalidad*, Editorial Amorrortu, Buenos Aires.
Shotter, J. (1995), "Dialogical psychology", in *Rethinking Psychology*, eds. Smith, Harre e Van Langenhove, Sage Publications, Londres.
Sidman, M. (1976), *Táticas da pesquisa científica*, Editora Brasiliense, São Paulo.
Silverman, D. (1993), *Interpreting Qualitative Data. Methods for Analysing Talk, Text and Interactions*, Sage Publications, Londres.
Smedslum, J. (1995), Psychologic: "Common Sense and the Pseudoempirical", in *Rethinking psychology*, eds. Smith, Harre e Van Langenhove, Sage Publications, Londres.
Smith, J. Harré, R. e Langenhove, L. (1995), "Idiography and the case study", in *Rethinking psychology*, Sage Publications, Londres.
Stake, R. E. (1994), "Case studies", in *Handbook of Qualitative Research*, eds. Denzin, N. e Lincoln, Y., Sage Publications, Nova York.
Strauss, A. (1987), *Qualitative Research for Social Scientists*, Cambridge University Press, Nova York.
Taylor, S. e Bogdan, R, (1988), *Introducción a los métodos cualitativos de investigación*, Paidós, México.
Tolman, Ch. (1994), *Psychology, Society and Subjectivity*, Routledge, Londres.
Wolcott, H. F. (1995), *The Art of Fieldwork*, Altamira Press, Estados Unidos.

Vygotsky, L. S. (1960), *Desarrollo de las funciones psíquicas superiores*, Academia de Ciencias Pedagógicas, Moscou (ed. em russo).
_____. (1965), *Psicología del arte*, Editorial Iskusstva, Moscou (ed. em russo).
_____. (1968), *Pensamiento y lenguaje*, Editora Revolucionaria, Havana.
Zinchenko, V. P. (1997), "La psicología sociocultural y la teoría psicológica de la actividad: revisión y proyección hacia el futuro", in *La mente sociocultural. Aproximaciones teóricas y aplicadas*, eds. Wertsch, J., del Río, P. e Álvarez, A., Fundación Infancia y Aprendizaje, Madri.

Impresso por
META
www.metabrasil.com.br